U0856606

本书为 2019 年度广东省重点学科科研（2019 - GDXK - 0049）
资助项目

会计本质论

许　崴　著

中国财经出版传媒集团
中国财政经济出版社

图书在版编目（CIP）数据

会计本质论／许崴著. --北京：中国财政经济出版社，2020. 11

ISBN 978-7-5223-0160-0

Ⅰ.①会… Ⅱ.①许… Ⅲ.①会计学-研究 Ⅳ.①F230

中国版本图书馆 CIP 数据核字（2020）第 223601 号

责任编辑：郁东敏　　　　责任校对：胡永立

封面设计：中通申奥　　　　责任印制：刘春年

会计本质论

KUAIJI BENZHILUN

中国财政经济出版社 出版

URL：http：//www. cfeph. cn

E-mail：cfeph@ cfeph. cn

社址：北京市海淀区阜成路甲 28 号　邮政编码：100142

营销中心电话：010-88191522

天猫网店：中国财政经济出版社旗舰店

网址：https：//zgczjjcbs. tmall. com

北京财经印刷厂印刷　各地新华书店经销

成品尺寸：155mm×230mm　16 开　12 印张　156 000 字

2021 年 3 月第 1 版　2021 年 3 月北京第 1 次印刷

定价：68. 00 元

ISBN 978-7-5223-0160-0

（图书出现印装问题，本社负责调换，电话：010-88190548）

本社质量投诉电话：010-88190744

目录

Contents

第 1 章

导　言

1.1　有关会计本质的探索

会计作为人类特有的一种行为，从原始社会简单的计量、计算行为，历经单式簿记、复式簿记等演进阶段，绵延发展至今已有数千年的历史。自帕乔利 1449 年出版其著作《数学大全》后，会计学作为一门独立的学科便确立和发展起来，有关会计的本质问题也进入了人们的研究视野。会计行为与会计学均为人类文明的一种体现。有趣的是，同人类所创造的许多文明一样，尽管人类孕育了她，滋养了它，并得益与受惠于它，但对其来历、身世，却至今众说纷纭，见仁见智。

第一次工业革命之前，西方会计学者提出“会计艺术说”“商业语言说”；20 世纪 50 年代，苏联会计学者提出“管理工具说”；20 世纪 70 年代，美国会计学者提出“经济信息系统论”。20 世纪 80 年代初，中国会计学者提出“经济管理活动论”，80 年代中期，则提出“经济信息与经济管理两论说”。在中国会计学界最具影响力的是“经济信息系统论”“经济管理活动论”与“两论说”。上述说法林林总总，都是人们从某一视角或某一层面对会计本质的解读，且其解读受所处时代的制约，无不打下时代的印记。

在现代财务会计产生之前，会计工作缺乏科学理论与方法的指导，无公认的会计准则、会计制度的约束与规范，会计人员凭借经验处理经济业务，在探索中寻求新业务的处理方法。正如美国会计史学家迈克尔·查特菲尔德所言，产业革命时期的会计人员“他们在每个企业里大多可以自由地制定有关资产计价和确定收益的规则。我们可以理所当然地将早期的工业企业看作是在没有非经济约束的条件下进行会计学实践的实验室。”① 会计人员在这种宽松、自由的环境中“随心所欲”地工作，倒真有些像挥动画笔的画家或舞动双手的指挥家在自由奔放的情感中创造艺术作品。“会计艺术说”想必就源自会计工作当时的这种状况与意境吧。当古典企业会计代之以现代企业会计，会计行为被规范化以后，“会计艺术说”便销声匿迹了。

“商业语言说”将会计视作商业的工具，“管理工具说”将会计视作经济管理的工具，二者均可归为“工具论”。人类从事任何活动，发生任何行为，都是有目的的。相对于目的，这些活动、行为都是手段，都是工具。从这种意义上说，“工具论”有其合理性。“工具论”之所以被质疑，可能更多的是因为受到情感因素的影响。有的学者认为，“工具论”会降低会计工作的地位，不利于会计作用的发挥。其实，将“会计”视为实施经济管理的手段、工具，丝毫不意味着对会计工作的轻视。相对于社会公共事务管理的目的，政府是工具；相对于维护国家的领土、领空、领海安全的目的，军队是工具；相对于社会群体的政治宗旨，政党是工具。笔者认为，“商业语言说”“管理工具说”的欠缺之处并不在于将“会计”视作实施商业或经济管理的工具，而在于未能揭示会计的特殊本质。随着人们对会计认识的深化，该观点渐渐地淡出了人们的视野。

① 迈克尔·查特菲尔德［美］：《会计思想史》，立信会计出版社 2017 年版，第 103 页。

20世纪70年代，人们开始从信息系统的角度认识会计的属性。美国会计学界59位学者在其合编的《现代会计手册》第一分册中指出："会计是一个信息系统，它旨在向利害攸关的各个方面传输一个企业或其他个体的富有意义的经济信息。"①80年代，中国的一些会计学者接受了这一观点。其有关这一观点的代表性表述是："会计是旨在提高企业和各单位经济效益，加强经济管理而建立的一个以提供财务信息为主的经济信息系统。"②

"经济管理活动论"，则是中国的一些会计学者在一个特定的社会经济背景下提出的。1976年，中国结束了历时10年的"文化大革命"。1978年底召开的中共中央委员会十一届三中全会的公报提出："全党工作的重点应该从一九七九年转移到社会主义现代化建设上来"，"在本世纪内把中国建成社会主义现代化强国而进行新的长征"。由此引发了经济管理学界对经济效益、科学管理等问题的热烈讨论。杨纪琬和闫达五教授明确提出："会计是人们管理生产过程的一种社会活动，其基本职能一是反映（观念总结），二是监督（控制）；会计的产生和发展既和生产力的发展有关系，又同生产关系的变革紧密联系。"③

20世纪80年代中期，在"经济管理活动论"与"经济信息系统论"两种观点之间的质疑、争论中，出现了"两论说"，认为"会计既是为人们反映、控制和规划再生产过程提供经济信息的方法体系，同时它本身也是人们为管理再生产过程而从事的一种管理活动。"④"经济信息系统论""经济活动管理论"及"两论说"的提出，标志着人们对会计本质的认识达到了一个新的高度。

---

① 西德尼·戴维森［美］：《现代会计手册》，中国财政经济出版社1982年版，序言第1页。

② 葛家澍、唐予华："关于会计定义的探讨"，《会计研究》1983年第5期。

③ 杨纪琬、闫达五："开展我国会计理论研究的几点意见"，《会计研究》1980年第1期。

④ 闫德玉：《会计学原理》，湖北科学技术出版社1985年版，第9页。

笔者认为，将会计界定为“经济信息系统”，不仅有深厚的历史渊源，也合乎会计工作的实际。“商业语言说”将会计视作以特有的术语和数字表述商业活动的行为，也就是从经济信息的角度对会计活动的解读。从这种意义上说，“经济信息系统论”与“商业语言说”一脉相承，前者是对后者的发展。会计业务，说到底，就是通过一系列特定的程序与方法进行经济信息的采集、存储、整理、分析与加工，会计发挥的正是“经济信息系统”的功能。“经济信息系统论”的提出，有助于人们从信息的属性和信息系统功能的角度去认识会计、创新会计与发展会计。

“经济管理活动论”与“管理工具论”，都肯定了会计所具有的管理属性，但“管理工具论”的“管理”并非“经济管理活动论”的“管理”。“管理工具论”所说的“管理”是计划经济体制下的国家对国有企业的管理；“经济管理活动论”所说的“管理”则是市场经济体制下的企业的管理。“管理工具论”是苏联高度集权的计划经济体制的产物；“经济管理活动论”则是中国计划经济体制向市场经济体制转型的产物。20 世纪 50 年代，苏联的会计学者提出“管理工具论”时，正值实行计划经济体制，国有企业没有经营自主权，会计只是按照国家的要求对下拨企业的资金用途、耗费情况实施反映和监督，不过是国家对企业实施指令性计划管理的工具。20 世纪 70 年代末，中国拉开了对外开放、对内改革的大幕，高度集权的计划经济体制向充满生机和活力的社会主义市场经济体制转变，企业逐渐成为自主经营、自负盈亏的经济组织。“经济管理活动论”的提出，反映了经济体制改革所带来的企业与国家经济关系的重大变化，蕴含着社会主义现代化建设新时期赋予企业会计的新职能、新要求，体现了中国会计学者对会计本质认识的新境界、新高度，其理论价值与实践意义不言而喻。

“经济信息系统论”揭示了“会计”隶属于“经济信息系统”的属性，“经济管理活动论”则揭示了“会计”隶属于“经济管理活动”的属性，二者虽各有其根据与合理性，却因各执一端而失之片面。“两论说”面世，将两种认识综合于一身，使人们得以更全面地认识和理解会计，实属必要之举。

在对会计本质的认识上，“经济信息系统论”“经济活动管理论”及“两论说”，相比“商业语言说”“会计艺术说”“管理工具说”，无疑是百尺竿头更进一步。然而，这并不意味着对会计本质的认识已经穷尽。笔者认为还有以下问题尚待研究：

第一，关于会计所依存的特殊矛盾的问题。

毛泽东在《矛盾论》一文中指出：“任何运动形式，其内部都包含着本身特殊的矛盾。这种特殊矛盾，就构成一事物区别于他事物的特殊的本质。”[①] 会计作为一个社会子系统，与其他事物一样，也必然依存于特殊的矛盾。这一特殊矛盾决定着会计区别于其他事物的特殊本质，决定着会计的产生、存续和发展。要揭示会计的本质，就不能止于对会计表面特征的描述，而必须洞见其所依存的特殊矛盾及其运动。然而，“经济信息系统论”或“经济管理活动论”或“两论说”等论断的形成，并非基于对会计所依存的特殊矛盾的揭示与剖析，故难以说明会计区别于其他事物的特殊本质。

第二，关于会计的本质属性的问题。

世间的任何事物都有多重属性，会计也不例外。在这多重属性中，有的是非本质属性，有的是本质属性。本质属性，是某事物所特有的、从而能够将该事物与其他事物区别开来的属性。非本质属性，则不是某事物所特有的、从而无法将该事物与其他事物区别开来的属性。所谓对会计特殊本质的认识，就是对会计本质属性的认识，而不是对会计非本质属性的认识。然而，“经济信息系统论”，或“经济管理活动论”，或“两论说”，均未能说明会计不同于其他事物的本质属性的问题。依照“经济信息系统论”的观点，会计

---

① 《毛泽东选集》第1卷，人民出版社1967年版，第283－284页。

是一个经济信息系统，然而经济信息系统并非只是会计的属性，它也是经济统计或业务核算等的属性。依照“经济管理活动论”的观点，会计具有经济管理活动的属性，然而除会计之外，采购管理活动、库存管理活动、生产管理活动、市场营销管理活动等也都具有经济管理活动的属性。依照“两论说”的观点，会计既是经济信息系统，又是经济管理活动，然而，不仅会计具有上述双重属性，经济统计等也具有上述双重属性。那么，“提供财务信息为主的经济信息系统”或“处理价值信息的经济信息系统”或“控制与监督经济运行的活动”等，是否是对会计本质属性的表述呢？笔者认为，将会计界定为“提供财务信息为主的经济信息系统”或“处理价值信息的经济信息系统”，虽然有助于揭示商品经济阶段的“会计”的本质属性，却无法揭示“会计一般”的本质属性。将会计界定为“控制与监督经济运行的活动”，也仍然无法将会计与其他事物区分开来，因为不仅会计具有控制与监督经济运行的功能，统计核算、业务核算等也同样具有控制与监督经济运行的功能。

本书的主旨就是要对上述两大问题及其相关延伸问题进行探讨。

1.2 本书的逻辑架构

本书从剖析会计活动所依存的矛盾入手，揭示会计的本质；通过对存在于不同历史时期会计活动共性的分析，抽象、概括出对会计一般的认识；通过对存在于不同历史时期会计活动差异性的分析，获得对会计特殊的认识；通过对会计活动所依存的矛盾在不同社会经济环境与条件下的运动及其变动趋势的分析，揭示会计的演变规律；通过丰富的会计史料，实证所形成的研究结论。其总体逻辑架构见图 1 - 1。

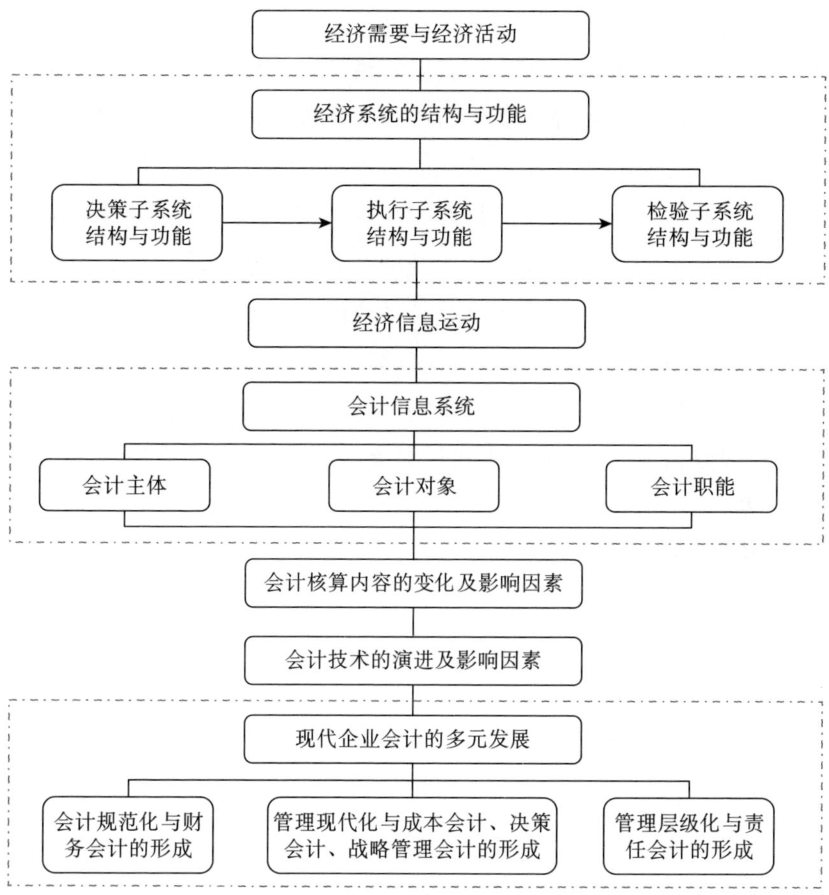

图 1－1　本书总体逻辑框架

1.3　本书的主要内容与观点

本书共 9 章。将“导言”之外各章的主要内容与观点概述如下：

“第 2 章 经济需要与经济活动”指出，动物性和文化性是决定人类生存与发展的两大基因。无论是从人类社会群体角度看，还是从人的个体角度看，这两大基因的维系与发展均有赖于和外界发生物质、能量、信息的交换。人的这种对外界的依赖性，就是所谓人的需要。以劳动或生产的方式获得满足的需要便是经济需要。经济活动即为人们为满足经济需要而进行的实践活动。

“第 3 章 经济系统及其运行结构”指出，经济系统即掌握一定的经济资源，具有明确经济目标和实际经济功能的经济组织，包括经济群体组织和经济个体组织。经济系统的功能是多重的，而非单一的。满足主体的经济需要是经济系统的基本功能。经济系统的结构决定经济系统的功能。经济系统的运行由决策、执行和检验三个环节构成，每个环节各有其特定的功能：决策环节确定经济活动目标，形成经济活动规划、计划与方案；执行环节实施经济活动方案，实现经济活动目标；检验环节评价经济活动成果，检验经济实践观念，提升经济实践认知能力。会计信息系统是经济系统运行的支持系统，担负着沟通经济运行的各个环节、整合经济活动的各个方面、为确定与达成经济系统的目标提供经济信息服务的职责。

“第 4 章 会计的本质及其规定性”指出，会计是内含在经济活动中的预期目标与实际结果、经济资源稀缺性与人们需要无限性两大矛盾的产物。这两大矛盾不仅决定着会计的产生与发展，而且规定着会计的本质。只要存在人类的经济活动，就存在预期目标与实际结果、经济资源稀缺性与人们需要无限性两大矛盾；只要存在这两大矛盾，就会存在会计活动。会计具有经济管理活动与经济信息活动的双重属性，它通过履行经济资源核算和经济活动结果确认、计量与评价的基本职责，为经济组织的经济决策、经济活动调控和经济实践观念检验提供信息服务支持。

“第 5 章 会计核算内容及其变化”指出，会计核算内容是会计对象的具体化。只有投入经济活动且具有现实稀缺性的资源，才会成为会计核算的对象。不同社会历史时期的会计核算内容有其共性，也有其个性。会计核算内容的变动，受制于经济活动目的、经济关系、经济形态、系统稳定性、核算成本、代理关系、经济规模等因素的变动。

“第 6 章 会计技术及其演进”指出，会计技术是指履行会计职责、发挥会计功能的种种手段和方法，包括会计硬件技术和会计软件技术。自然经济体的经济活动的自给性、封闭性是单式簿记形成与存在的根据；商品经济体的经济活动的相互依存性、开放性是复式簿记形成与存在的根据。古罗马的簿记思想和簿记技术、意大利的商业与金融业务的紧密联系是借贷复式簿记技术产生的特殊因素。会计技术的变动受制于经济关系、会计核算对象与内容、会计职能、科技水平等因素的变动。

“第 7 章 会计规范化与财务会计的形成”指出，社会生产力的发展、企业规模的扩张、资本的集聚与社会化所推动的古典企业制度向现代企业制度、古典市场体制向现代市场体制的转变，必然要求企业会计规范化。现代财务会计是企业会计规范化的产物。现代财务会计对外提供财务信息，不是对其服务企业经营管理属性的否定，而是对服务企业经营管理职能的必要延伸。

“第 8 章 管理现代化与会计多元化发展”指出，层级制企业管理组织的形成为企业管理现代化提供了必要的硬件条件，经济管理理论与方法的迅速发展为企业管理现代化提供了必要的软件条件。伴随着企业管理的现代化，会计的辅助经济决策、辅助经济调控等功能作用被人们日益重视，会计的功能作用开始得到全面呈现。会计信息系统不再是一个没有内部分化的浑然整体，而是基于职责分工产生了不同的分支，衍生出了责任会计、决策会计、战略管理会计等诸多子会计信息系统，这些子会计信息系统的功能目标既相区别又相关联，构成了一个现代企业的会计体系。

第 2 章

经济需要与经济活动

会计发展史表明，会计无论如何演变，都没有离开过人们的经济活动领域。而人们进行经济活动的目的则是为了满足自身的经济需要。故此，对经济需要与经济活动的分析便成为本书阐述会计本质及其相关问题的起点。

2.1 人的需要

2.1.1 人的需要的属性

人类文化学认为，由古猿进化而来的人类具有动物性与文化性两大基本属性。动物性是人类的自然属性，文化性是人类的社会属性。人类若没有动物性，没有动物类的机体和欲望，就不能世代繁衍，文化性也就失去了产生、延续与发展的物质基础。同样，人类若没有文化性，没有文化的产生和传承，人类就不能被称为人类。人类之所以脱胎于动物界又能超越动物界，就是因为人类具有文化的基因，文化性是人的本质属性。在狼群中长大的、失去文化基因的孩子，已经蜕变为“狼孩”，“狼孩”已不具有人类的属性。

动物性与文化性不仅决定着人类的存在，而且决定着人类的发展。无论是从群体的角度看，还是从个体的角度看，人的发展都体现为动物性与文化性两大基因的进化，而这两大基因的进化则无时无刻不在发生着与外界物质、能量、信息的交换。人的这种对与外界物质、能量、信息交换的依赖性，就是所谓的“人的需要”。

动植物的存续，也离不开与外界的物质、能量和信息的交换。从这种意义上说，动植物也有“需要”。植物进行光合作用，对阳光、空气、水分、养料的吸收，完全表现为一种被动适应于大自然的过程。动物不同于植物，具有神经系统，与外界的物质、能量、信息的交换行为已具有一定的机动性、选择性。比如，饥肠辘辘的孤狼迫于对正在享用食物的老虎的本能恐惧，并不会立即做出捕食的举动，而会在远处垂涎欲滴地静待机会。然而，动物行为的这种机动性、选择性，充其量不过是对外界刺激的本能反应，并非有意识的行为。

人与动物，都有吃、喝、住、行、性等生理方面的需要，就此而言，人与动物有相似之处。但作为具有文化性的人类，不仅具有类似动物的生理需要，还具有动物所没有的文化的、社会的需要。即便是人的生理需要，也不可与动物的生理需要同日而语：人的生理需要更多地不是出自维生的本能，而是表现为求生的意识；动物生理需要的满足有赖于大自然的恩赐，人的生理需要的满足却是基于自身对自然界的认识与改造。具体来说，人的需要具有以下属性：

第一，人的需要的对象性。

人的需要，是人面对内外环境的刺激在头脑中所产生的对特定客体的一种欲望，这种欲望进而转化为人的动机或目的，并通过推动人的行动得以消除。“饥”则需进食以解脱，“渴”则需饮水以平息，“悲”则需安慰以解脱，“怒”则需宽慰以释放。人的任何需要都是指向特定对象的：人的需要的对象可能是特定的人，也可能是特定的物；可能是特定的物质产品，也可能是特定的精神产品；可能是特定的活动，也可能是特定的环境或条件。

第二，人的需要的文化性。

人的需要烙有“文化”的印记，带有文化的色彩。比如说“吃”，这是人与动物共有的行为。然而，动物“吃”只是为了“解饥”，但人“吃”却不只是为了“解饥”，而且还希望吃出“营养”来，吃出“健康”来，吃出“花样”来，吃出“礼节”来。一句话，吃出“文化”来。

第三，人的需要的周期性。

人的某些需要具有一定的周期性。这种周期性，或者是受人的生理活动规律的支配，如常说的“三个饱，一个倒”；或者是受自然规律的影响，如冬要穿棉，夏要穿单；或者是受风俗习惯的影响，如端午节吃粽子，中秋节吃月饼。

第四，人的需要的层次性。

美国心理学家马斯洛在人的动机理论中提出了人的需要层次说。马斯洛认为，人的需要就像阶梯一样，由低向高，具有生理需要、安全需要、社交（爱和归属感）需要、尊重需要和自我实现需要五个层次。人们只有在较低层次的需要得到满足后，对较高层次的需要才会变得强烈起来。马斯洛的需要层次说是针对社会的一般情况而言的，具体到特定的社会成员，由于所处社会发展阶段或所处国家或所处生活环境与条件的不同，需要的层次结构及需要的强度则会存在差异。

第五，人的需要的差异性。

人的需要无不受到具有普遍性的生理、心理活动规律的支配，并与世代相传的社会习俗、民族习俗相关。生理、心理活动规律的普遍作用和社会习俗、民族习俗的世代相传，使不同的人的需要具有一定的共同性、一致性。然而，由于生理、心理活动规律作用对象亦即人的个体的千差万别，生理、心理活动规律发生作用的地域、环境、条件的千差万别，不同的人的需要也必定存在差异。比如，男人与女人需要的差异，儿童、成年人与老年人需要的差异，不同地区人们衣、食、住、行需要的差异，富裕者与贫穷者需要的差异。

第六，人的需要的无限性。

这里所谈的“需要的无限性”，显然不是说在一段持续的时间内某人对某物的量的需要具有无限性，而是说人的需要、欲望是没有止境的，原有的需要、欲望得到满足后，又会产生出新的需要、欲望来。正如马克思所言：“人以其需要的无限性和广泛性区别于其他一切动物。”① 人不同于动物，不是被动地依赖大自然的恩赐，而是通过对大自然合目的、合规律的改造亦即所创造的人化自然来满足自身的需要。人类的创造性是无限的，人类在不断创造出满足自身需要的对象的同时，也在不断激发出自身新的需要、欲望，正是这种不断萌生的新的需要、欲望推动着人类社会不断地向前发展。

2.1.2　人的需要的类别

第一，物质性需要与精神性需要。

物质性需要，是指与人的生理活动或物质活动相关联的需要，比如，人们对空气、阳光的需要，对吃、喝、穿、住等生活资料的需要。精神性需要，是指与人的精神活动相关联的需要，比如人们对认知、审美、社会交往、自我尊重、自我实现的需要。物质性需要与精神性需要是相辅相成的，而不是彼此割裂的。人的精神性需要通常伴随一系列相关的物质性需要，而在物质性需要中也往往蕴含着某种精神上的追求。前者如用于祭祀活动的种种器具和用品，后者如器皿表面各式各样的图饰。人类社会的文明程度越高，物质性需要与精神性需要的融合就愈加紧密。

第二，现实性需要与潜在性需要。

---

① 《马克思恩格斯全集》第 49 卷，人民出版社 1982 版，第 130 页。

现实性需要，是指已被人们清晰地意识到且有特定指向的需要；潜在性需要，是指尚未被人们清晰地意识到的无明确指向的需要。一旦需要的对象在人们的意识中明朗化、清晰化，便意味着潜在性需要已经转化为现实性需求。潜在性需要尚不能转化为人的目的、动机与目标，从而不能成为人的行为的驱动力，不能对人们的行为产生实际影响。只有现实性需要才能转化为人的目的、动机与目标，进而转化为人们的实践活动，使自身的需要得到满足。行动目标，是人的目的的具体化、量化，是人的“现实需要”通向“实践活动”的桥梁。

第三，经济性需要与非经济性需要。

经济性需要，即只有通过劳动或生产的方式才能获得满足的需要，比如，对种种物质产品或精神产品的需要。非经济性需要，即不通过劳动或生产的方式便可获得满足的需要，比如，人们对阳光、未经净化的空气的需要。经济性需要为人类所特有，是人类本质的体现。从这种意义上说，人类社会就是经济社会，离开了经济需要，便无所谓人类社会。

第四，生活性需要与生产性需要。

生活性需要，是指人类为维系自身的生存与繁衍所产生的需要。生产性需要，是指人类为维系物质产品或精神产品的生产与再生产活动所产生的需要。生产性需要源于生活性需要，生活性需要派生了生产性需要。因为人类的生产性需要和生活性需要的对象主要来自人化自然，所以生产性需要和生活性需要被大致归入经济性需要之列。

2.2 使用价值

2.2.1 使用价值的规定性

如前所述，人的现实的需要都是有特定指向的。可以满足人们的各种需要的物，被称为“有用物”。但凡有用物，均具有使用价值。“使用价值”范畴反映的是物的属性与人的需要的关系。门格尔在《国民经济学原理》一书中指出：“与人们欲望满足有因果关系的物，我们叫作有用物，我们认识了这个因果关系，并在事实上具有获得此物以满足我们欲望的力量时，我们就称此物为财货。”他认为，“物”要获得财货的性质，必须具备下列四个前提：“（1）人类对此物的欲望；（2）使此物能与人类欲望的满足保持着因果关系的物的本身属性；（3）人类对此因果关系的认识；（4）人类对此物的支配，即人类事实上能够获得此物以满足其欲望。”① 简言之，并非所有的物都具有使用价值，只有那些具备能够满足人的需要的属性且事实上为人类所支配的物才具有使用价值。

既然“使用价值”范畴反映的是物的属性与人的需要的关系，那么，无论是人们对物的属性认识的变化，抑或人们自身需要的变化，还是人们对物的支配关系的变化，都会导致人们对某物是否具有使用价值的判断发生变化。比如，以前人类不了解稀土的属性与用途，稀土对人类而言并不具有使用价值，如今人类了解了稀土的属性和用途，稀土对人类而言便具有了使用价值。庄稼的秸秆，以前农户用它烧饭取暖，对农户来说具有使用价值，而农户在使用煤炭、天然气后却将其弃之，则是因为农户尚未认识到秸秆的新用途，在他们看来秸秆已不具有使用价值。某物，虽然甲、乙两人都需要，但甲对该物具有支配权，该物对甲而言就具有使用价值；乙对该物无支配权，该物对乙而言则不具有使用价值。

2.2.2　使用价值的类别

使用价值，可以分为人们直接取自自然界的使用价值和通过经济活动获得的使用价值。前者的载体是自然物，如空气、江河、处

① 卡尔·门格尔［奥］：《国民经济学原理》，上海世纪出版集团 2005 年版，第 2 页。

女地、天然草地、野生林等；后者的载体是人的劳动的产物，如房屋、衣物、车辆、电器等。原始蒙昧时期的人类，通过采集与渔猎活动从自然界直接获得自身所需的使用价值。随着人类的生产知识的丰富、生产经验的积累、生产力水平的提高，人类所需的使用价值越来越多地来自人化自然。仅就人们通过经济活动获得的使用价值而言，其载体，既可以是实体产品，如工农业产品等，也可以是虚拟产品，如电子邮箱、电子网站、信息平台、计算机软件等；既可以是物质产品，如粮食、菜蔬、瓜果等，也可以是精神产品，如书画、歌曲、戏剧等。在人类的历史上，还有以非经济手段获得使用价值的方式，比如战争、抢掠、盗窃等。

使用价值，可以分为无须经中间环节便可满足人的生活消费欲望的使用价值和需经中间环节方可满足人的生活消费欲望的使用价值。前者的载体是面包、饮料、电视机等生活资料；后者的载体是能源、机械设备、原材料等生产资料。随着科学技术的发展，一方面，生活资料的种类越来越丰富；另一方面，生产资料的使用链条越来越长。依据门格尔的财货分类方法，那些直接用于满足人们消费欲望的财货为一级财货，如面包、衣服；用于制造一级财货的财货为二级财货，如面粉、布匹；用于制造二级财货的财货为三级财货，如麦子、棉花；用于制造三级财货的财货为四级财货，如耕地、农具。如此类推，便可以推出所有层级的财货。[①] 显然，财货所处的层级数越大，与人们的生活消费领域相距越远；财货所处的层级数越小，与人们的生活消费领域相距越近。对财货使用价值进行上述分类是有实际意义的。财货使用价值的层级链，也就是财货使用价值的生产链、供应链。从整体上把握这一链条的来龙去脉，无疑是进行科学生产决策、合理资源配置的前提。

使用价值，还可以分为作为经济活动成果的使用价值和为获得

---

① 卡尔·门格尔［奥］：《国民经济学原理》，上海世纪出版集团2005年版，第6、7页。

经济成果所需耗费的使用价值。前者的载体，如收获的谷物等；后者的载体，如种植需要的种子、农具等。前一类使用价值被称为“经济成果”，后一类使用价值被称为“经济资源”。经济成果类使用价值与经济资源类使用价值的区分不是绝对的，而是相对的。同样是农具，对于农具生产者来说属于经济成果，对于农作物生产者来说则属于经济资源；同样是谷物，用作种子时属于经济资源，相对生产的终结环节而言则属于经济成果。经济资源和经济成果的关系，也就是投入与产出的关系。将使用价值区分为经济资源类与经济成果类，既是资源配置的需要，也是经济效用分析的需要。

2.3　物质生产活动及其特点

2.3.1　物质生产活动的产生

如前所述，人类的需要有多个层面，最基本的层面是对维持自身生存与繁衍的物质生活资料的需要。马克思指出：“我们首先应当确定的一切人类生存的第一个前提，也就是一切历史的第一个前提，这个前提是：人们为能够‘创造历史’，必须能够生活。但是为了生活，首先就需要吃、喝、住、穿以及其他一切东西，因此第一个历史活动，就是生产满足这些需要的资料，即生产物质生活本身，而且这样的活动、一切历史的基本条件，人们单是为了生活就必须每日每时去完成它：现在和几千年前都是这样。”①

大量的考古资料表明，人类的祖先——古猿，起初居住在热带的茂密森林中，主要以采集果实维生。后来由于地理环境变化，他们离开森林走向陆地。陆地的生活环境使人类的祖先不得不更多地直立行走，从而使前肢的功能发生了变化并更加灵活，开始偶尔使

① 《马克思恩格斯选集》第 1 卷，人民出版社 1966 版，第 31 页。

用天然的石块、树枝等物体作为工具来获取食物和防御敌害。尽管人类祖先的这些行为还不是真正意义上的劳动或生产行为，但随着时间的推移、天然工具使用频率的增加，他们从这种经验的累积中逐渐意识到，利用工具获取食物要比单纯依赖双手便捷得多，省力得多。于是，天然工具的使用就从偶尔变为经常，对天然物体的利用也有了一定的选择。便于使用的天然物体不可能随手可得，我们的祖先也许是从一次次滚石的相互碰撞中获得了“灵感”：人为地使石头发生撞击便可得到所需要的“工具”。在这种意识的支配下，人类发生了制造工具的行为，动物式的单纯向大自然索取的采集活动也随之转化为运用工具获取所需物品的生产活动。

人类的物质生产活动，首先是从种植业开始的。种植业是在人类参与下的一种自然生产过程。在这一过程中，农作物的生长既要受到自然规律的支配，又要受到人类的干预与调节。农作物的生长过程不再是单纯的自然过程，它同时也是人类有目的地改造自然的过程。种植业的产生是人类物质生产活动的开端，是人类特有本质的初始展现。现今，人类社会的物质生产已经发展成一个由众多产业、众多行业、众多企业构成的庞大体系。

2.3.2 物质生产活动的特点

第一，物质生产活动的创造性。

从人类敲打出第一把石斧、培育出第一把谷物、迈出通过劳动来满足自身需要的第一步时，人类便步入了发明创造的时代。从原始的种植业、畜牧业，到今天令人炫目的物质文明，无不是人类发明创造的产物。创造性是物质生产活动的根本属性，触目可及的人化自然则是物质生产活动创造性特质的外化载体。

第二，物质生产活动的预期性。

在物质生产过程中，人们对大自然的改造并不是无意识、无目的的。只要是正常的理性人，在进行物质生产活动之前，都必定会对拟进行的物质生产活动进行规划，对其结果进行预测，并据此确定行动方案，亦即对物质生产活动进行超前反映。这种超前反映，就是人类物质生产活动预期性的体现。

第三，物质生产活动的可调节性。

物质生产活动既然是一种在人的意识支配下的、由人的目的所驱使的活动，那么便必定具有可调节性。人们在进行物质生产活动之前，就已经绘制好了愿景蓝图，制订好了行动方案，并希望通过行动方案的实施获得预期的结果。但是人的认识的局限性与环境、条件的千变万化会使事先编制的行动方案与客观实际不尽符合，而且方案实施过程中如果人们的实际行动偏离了预定的轨道，也会导致无法完全获得甚至无法获得预期的结果。为了避免发生上述的情形，在行动方案的实施过程中，一方面必须根据变化的情况对预设的目标和行动方案进行调整，使之符合实际的情况；另一方面，必须对实践者偏离预定轨道的行为进行矫正，使之合乎预设的目标与要求。

第四，物质生产活动的经济性。

人类的创造物，种类难以尽述，形态千差万别，功用林林总总，究其来源，都离不开自然物质和人类劳动两大因素。正如古典经济学家威廉·配第所言：土地是财富之母，劳动是财富之父。其中，“土地”是自然物质的统称，“劳动”则是人的实践活动的统称，财富亦即使用价值则是人类劳动与自然物质相结合的产物。在这一结合过程中，人是作用者，自然界是作用对象；劳动是主动因素，自然物质是被动因素。自然物质在何范围、何层次、何程度、何地域、何规模被利用，无疑取决于人的认识状况与劳动的投入状况。抽象掉劳动的具体形态，就一般劳动而言，其投入状况既包括投入劳动量的多寡，也包括投入劳动效率的高低。人们所获得的使用价值的数量，既与投入劳动的量相关，又与投入劳动的效率相关。具体说来，单位物品消耗的物化劳动（生产资料）和活劳动越少，等量的物化劳动和活劳动产出的物品就越多；等量的物化劳动和活劳动产出的物品越多，在人们对该物品需要量既定的情况下，被节省下来用于其他物品生产的物化劳动和活劳动就越多，人们所获得物品种类就越丰富，等量劳动给予人们的满足感就越强。如同光的传播路径遵循“到达目的地时间最短”的原理，物质粒子的实际历程遵循“作用量最小”的原理，人类的物质生产活动遵循的则是“获得同样的满足所耗费的物化劳动与活劳动最少”的原理。这一原理便是所谓物质生产活动的“经济性”。正是因为物质生产活动具有经济性，所以物质生产活动也被称为经济活动，物质生产系统也被称为经济系统。

第五，物质生产活动的连续性。

物质生产活动的连续性有两层含义：一是指组成物质生产过程的各个环节的前后相续性；二是指物质生产过程的循环往复性。没有组成物质生产过程的各个环节的依次展开，就没有物质资料的生产，也就没有人类社会的存在。没有物质生产过程的循环往复，就没有物质资料的简单再生产与扩大再生产，也就没有人类社会的持续与发展。若从再生产的视角把握物质生产活动，便会看到，物质生产活动不只是物质资料的直接生产活动，还包括物质资料的分配活动、交换活动与消费活动。消费活动既是上一轮物质生产活动的终点，也是下一轮物质生产活动的起点，消费既是生产的目的，也是生产的动力。分配环节与交换环节则是连接生产和消费的中介环节，产出的物品只有经过分配、交换环节才能进入消费环节。简言之，物质资料的再生产过程，是生产环节、分配环节、交换环节、消费环节的周而复始；物质资料的再生产活动，是生产活动、分配活动、交换活动、消费活动的总和。

第六，物质生产活动的社会性。

物质生产活动具有极强的社会性。这种社会性体现在两个方面：一是支配物质生产活动的意识的社会性。意识是人类文化性的集中体现，而人类的文化性则依存于人类的社会性，没有依存于人类社会性的人类意识的产生，就没有意识所支配的物质生产活动的产生。二是物质生产活动是结成一定经济关系的人的活动，离开了人的经济关系就没有物质生产活动。正因为如此，物质资料的生产、再生产过程也是经济关系的生产、再生产过程；对物质生产活动的认识与把握，不仅包含对物质生产过程的认识与把握，还包含对经济关系的认识与把握。

2.4 物质生产活动中的经济问题

对物质生产活动中的经济问题，既可以从社会总体的角度去认识，也可以从生产者个体的角度去认识；既可以从技术的角度去认识，也可以从经济关系的角度去认识；既可以从运行的环节去认识，也可以从运行的结果去认识。为简便起见，本书仅以自耕农为例，对物质生产活动中存在的经济问题作一粗略分析。

2.4.1 直接生产环节的经济问题

对于自耕农来说，在直接生产环节需要解决的经济问题主要有两个：

第一，拟生产的物品种类及其结构的问题。

对一个自耕农来说，在进行实际的生产活动之前便要根据家庭的需要和自身的生产能力与生产条件确定出拟生产的生活资料、生产资料的种类和数量。如果还有部分生活资料、生产资料需要通过市场交易来获得，那么还要确定出拟生产的产品中用于家庭自身生活、生产消费的产品种类与数量和用于交换所需生活资料、生产资料的产品种类与数量。自耕农确定拟生产的物品种类及其结构的过程，也就是解决“生产什么”这一经济问题的过程。

第二，资源配置结构的问题。

就人类社会发展的任一特定时期而言，人类为获取实体经济资源所投入的劳动都是有限的。这种劳动投入的有限性决定了该时期所获得的实体经济资源的有限性。而有限的实体经济资源面对的却是人类对实体经济资源的无限需要，从而产生了实体经济资源的稀缺性问题。如何通过实体经济资源的优化配置，实现实体经济资源效用的最大化，从而使实体经济资源的稀缺性与人的需要无限性的矛盾得到缓解，既是人类社会面对的重大经济问题，也是生产者个体面对的重大经济问题。

让我们回到这位自耕农的身边，看看他是如何进行资源配置和追求效用最大化的。这位自耕农不仅要解决其家庭对吃、穿、用、住等生活资料的需要，还要解决对种子、农具等生产资料的需要，如有可能，他还会考虑生产一些“享乐品”，以满足家庭成员对享乐的需要。他虽然不懂得什么效用理论，却明白必须对拟生产的各项物品按其对家庭生存与发展的重要程度进行轻重缓急的安排。经验可以帮助他处理这个问题。比如食物，“通常是先为保持生命而摄取的食物；其次是为保持健康而摄取更多的食物（因只摄取足以保持生命的食物，从经验上看来，将使我们的器官发生障碍）；最后，在已经摄取了保持生命与健康所必要的食物量以后，我们才为享乐而消费食物。”[①] 各项物品生产的轻重缓急一经确定，便要围绕这一安排进行资源配置。自耕农可支配的资源主要是土地和家庭劳动力。他首先要分配的是土地资源，因为土地资源是一种不可被替代的稀缺资源。若土地资源能满足所有拟生产项目的需要且有富余，他便会考虑或者扩大已有项目的生产规模，或者增加新的生产项目；若土地资源不能满足所有拟生产项目的需要，他会去除排序在后的项目，以确保那些必需项目的生产。对于家庭劳动力，自耕

① 卡尔·门格尔［奥］：《国民经济学原理》，上海世纪出版集团2005年版，第60页。

农会基于对男女劳动力特点的考虑，并根据季节用工的需要，将其分配到所确定的生产项目上去。相比土地资源，劳动力资源的供给无疑具有更大弹性，因为投入生产中劳动量的大小，不仅与劳动者的人数相关，而且与劳动者的劳动时间、劳动强度相关，在一定的限度内，既定数量的劳动者可以通过延长劳动时间、加大劳动强度的途径来增加活劳动供给，与其说自耕农配置的是家庭劳动力，莫不如说配置的是家庭劳动量。劳动资源的配置，不仅是指劳动人数的分配，还包括劳动时间、劳动强度、劳动力投入时序的安排。自耕农将生产资源配置于各个生产项目的过程，也就是解决“怎样生产”这一经济问题的过程。

2.4.2 分配环节的经济问题

这里所谈的分配，是指生产成果的分配。生产成果的分配包括两个不同的层面：一是将生产成果分配于生产性消费和生活性消费两个方面；二是将分配于生产性消费的部分进一步分配到各个生产项目和将分配于生活性消费的部分进一步分配到各个生活性项目。对于自耕农来说，生产成果分配环节中的核心问题是遵循何原则将生产成果分配于生产性消费与生活性消费的问题。因为该分配原则，决定着自耕农及其家庭生产与生活未来的格局，决定着其生产与生活状况的变动趋势。

自耕农在将生产成果分配于生产性消费与生活性消费时，有三大原则可供选择：一是“先生产，后生活”；二是“先生活，后生产”；三是“生产与生活兼顾”。

自耕农若选择“先生产，后生活”，遇丰年，他一般会将扣除维持简单再生产所必需的种子和家庭成员所必需的口粮后的剩余部分，首先用于增加种子储备以进行谷物的扩大再生产；其次或用于增加家禽的饲料储备以扩大家禽的养殖规模，或用于增加酿酒等副业的原材料储备以进行副业的扩大再生产；若还有剩余，才会考虑用于改善家庭成员的生活状况。遇歉年，他一般会先留足种子以维持原有的谷物生产规模，再酌情顺次减少节日的消费、风险储备、家禽饲料和人的口粮以渡难关。

自耕农若选择“先生活，后生产”，遇丰年，他一般会将扣除维持简单再生产所必需的种子和家庭成员所必需的口粮后的剩余部分，首先用于增加家庭成员的日常消费或增加重大节日的食物消费以增强家庭生活的幸福感，若还有剩余，才会考虑用于扩大谷物的再生产或副业的再生产；遇歉年，他一般会首先留足家庭成员所必需的口粮，再酌情顺次减少风险储备、家禽的饲料储备、种子储备以渡难关。

自耕农若选择“生产与生活兼顾”，遇丰年，他一般会将扣除维持简单再生产所必需的种子和家庭成员所必需的口粮后的剩余部分，按照一定的比例划分为用于扩大再生产和用于改善家庭成员生活状况两个部分，从而使生产有所扩大的同时使生活也有所改善。遇歉年，他一般会酌情顺次减少风险储备、副业生产、非必需生活消费、家庭成员口粮与谷物生产规模以渡难关。

在笔者看来，“先生产，后生活”或“先生活，后生产”的选择均有失偏颇，正确的选择应该是“生产与生活兼顾”。因为物质资料的生产与人的生产是同一人类社会生产的两个侧面，没有离开人的生产的物质资料生产，也没有离开物质资料生产的人的生产，人类社会存续与发展的过程，就是物质资料生产与人的生产的相互依存、相互制约、相互协调、相互推动的过程，而“生产与生活兼顾”的做法无疑有利于物质资料生产与人的生产的协调发展。

2.4.3 交换环节的经济问题

就自耕农而言，在交换环节中的所面对的经济问题主要有两个：

第一，由劳动的自然分工所引起的家庭内部的劳动交换或产品交换问题。

劳动交换，比如由男人放牧、女人挤奶的自然分工格局所引起的家庭内部放牧类劳动与挤奶类劳动的交换；产品交换，比如由男耕女织的自然分工格局所引起的家庭成员之间谷物产品与纺织产品的交换。无论是劳动交换还是产品交换，说到底，都是生产者对劳动效用最大化自觉或不自觉地追求的结果。或者说，经济组织内部要不要进行分工，进行怎样的分工，要不要进行交换，进行怎样的交换，依据的是劳动效用最大化原则。

第二，不同农户之间的产品交换问题。

引起不同农户之间产品交换的情形通常有三种：一是由于某些条件的欠缺，该自耕农家庭所必需的生产资料、生活资料无法全部通过自身的生产活动予以满足，其缺口部分只能通过与其他农户的产品交换来补充。二是该自耕农幸运地遇上了一个风调雨顺的年景，谷物实际收获量超过了预期，在满足其家庭需要后还有剩余，他就有可能拿出剩余的谷物与其他农户的其他产品进行交换。如果他的谷物剩余量多到可以换回多种物品，他便会按照需要的轻重缓急开列一个“交换清单”，再按照交换清单顺次进行交换活动。三是该自耕农发现自身的 A 产品的生产效率低于其他农户的生产效率，而自身的 B 产品的生产效率则高于其他农户的生产效率，面对这种情况，他就有可能少生产甚至不生产 A 产品，代之以多生产 B 产品，再以 B 产品去交换其他农户的 A 产品。

比较分析上述三种情形，除第一种情形的交换行为是出自农户之间互通有无的需要外，其他两种情形的交换行为均出自农户对“效用最大化”的追求。其中第二种情形的交换行为是农户对“产品效用最大化”的追求，第三种情形的交换行为则是农户对“资源效用最大化”的追求。社会分工格局的形成，是第二种、第三种情形的交换行为从偶然转化为必然的结果。

2.4.4 消费环节的经济问题

这里所谈的消费环节是指生活消费环节，而非生产消费环节。在生活消费环节，人们直面的经济问题主要是生活消费结构优化的问题，自耕农也不例外。对消费结构的认识有两个维度：一是消费者所消费的物品种类的构成，即消费结构的质的规定性；二是消费者所消费的各种物品数量，即消费结构的量的规定性。无论是消费结构质的差异，还是消费结构量的差异，都会影响消费者所获得的消费效用即满足程度。在经济资源消耗既定的前提下，消费品的供给结构与需求结构的匹配程度越高，消费者所获得的消费效用越大；消费品的供给结构与需求结构的匹配程度越低，消费者所获得的消费效用越小。对于一个自耕农来说，要想从等量的资源投入中获得更大的消费效用，除了要在生产成果分配环节处理好生产性消费与生活性消费的关系外，还需要按照家庭成员的需求结构来组织生产。

应该看到，不同的社会经济形态，不同的社会经济发展阶段，物质资料生产活动的环境、条件、广度、深度、方式等都会有所不同，人们所面对的经济问题及其解决方式也会有所不同。然而，无论物质生产活动如何变化，经济问题都是始终存在的，人们对资源效用和消费效用最大化的追求都是不会改变的。正是在对资源效用和消费效用最大化的不懈追求和对经济问题的不断解决中，人类的经济实践活动和经济生活不断地向前发展。

第3章

经济系统及其运行结构

人类的经济性需要是通过生产、分配、交换等经济活动来满足的，而人类的经济活动又是由一定的经济组织来进行的。一个经济组织就是一个经济系统。经济系统的结构决定着经济系统的功能，经济系统的功能则是实现经济目标，满足经济需要。本章旨在运用系统科学的理论对微观层面的经济系统功能结构及其信息运动进行剖析，进而为揭示会计的本质提供前提。

3.1 经济系统的含义与属性

3.1.1 经济系统的含义

经济系统包括宏观经济系统、中观经济系统、微观经济系统三个层面。

宏观经济系统，即指国民经济体系，亦即一个国家在某一时点的所有经济个体的经济活动的总和。

中观经济系统，即指某一区域的经济体系，亦即一个区域在某一时点的所有经济个体的经济活动的总和。

微观经济系统，即指拥有或占用一定的经济资源、具有明确的经济目标、发挥着特定功能作用的经济组织或经济单位。下面论及的经济系统是微观经济系统，而非宏观经济系统与中观经济系统。

3.1.2 经济系统的属性

3.1.2.1 运行的目的性

但凡经济系统，其运行均有其目的。按照抽象程度的不同，可将经济系统运行的目的划分为一般目的、特殊目的和个别目的。经济系统运行的一般目的，是对存在于人类社会的不同经济形态及同一经济形态的不同发展阶段的所有经济系统运行目的的共性的抽象。谋求物质财富或使用价值以满足人的生存、繁衍、发展的需要，是经济系统运行的一般目的。无论财富的社会形式如何，人们创造物质财富或使用价值的最终目的都只能是满足自身的物质生活或精神生活的需要。正如马克思所言："劳动作为使用价值的创造者，作为有用劳动，是不以一切社会形式为转移的人类生存条件，是人和自然之间的物质变换即人类生活得以实现的永恒的自然必然性。"[①]

经济系统运行的特殊目的，是对存在于某一社会经济形态的所有经济系统运行目的的共性的抽象，比如对存在于自然经济形态下的所有经济系统运行目的的共性的抽象，或对存在于商品经济形态下的所有经济系统运行目的的共性的抽象。自给自足自然经济组织的生产目的与商品经济组织的生产目的无疑各具特殊性。前者是为了获得满足自身与家庭所需的各种物品，即使用价值；后者则是为了获得抽象财富，即商品的价值。尽管商品生产者也必须生产使用价值，但他们生产的不是满足自身需要的使用价值，而是满足社会需要的使用价值。通过对两大经济形态下经济系统运行的特殊目的的比较，便可以将自然经济体与商品经济体区分开来。

经济系统运行的个别目的，是指经济组织个体的运行目的。但

① 《马克思恩格斯全集》第23卷，人民出版社1974年版，第56页。

凡自耕农，作为自给自足的自然经济体，其目的都是为了生产满足自身与家庭所需的各种物品。然而，各个自耕农由于拥有的经济资源不同，家庭供养的人口不同，对生活的认识与追求不同，生产目的也会有所不同。即便是同一自耕农，基于生产环境与条件的改善、生活状况的好转，生产目的也会发生相应变化。同样，尽管现代商品经济组织运行的目的都是为了获取利润，但不同现代商品经济组织个体，其运行目的也会存在差异，比如，有的企业在谋取利润的同时，会关注自身所承担的社会责任与员工福利的增进；有的企业则唯利是图，全然不顾自身所承担的社会责任与员工的利益。通过对不同经济组织个体目的的比较，便可以将同一经济形态下的不同经济个体区分开来。

按照整体与局部的不同，可将经济系统运行目的划分为总系统运行的目的与子系统运行的目的。任何经济系统都是由若干要素或若干子系统构成的。对经济系统的运行目的，不仅要从系统总体的角度去把握，也要从系统构成亦即子系统角度去把握。对子系统运行目的的认识又有两个不同的维度：一是横向的即子系统相互关系的维度。具体说来，就是要明确各个子系统运行的目的及其相互关联。二是纵向的即子系统与总系统关系的维度。具体说来，就是要明确各个子系统运行目的的递进关系或子系统运行目的与总系统运行目的的隶属关系。

通过对子系统运行目的横向维度的考察，不难发现，各个子系统的运行目的具有相互依存、相互匹配、相互制约、相互协调的性质，只有具备上述性质，各个子系统才能够结合成一个整体。

通过对子系统运行目的纵向维度的考察，不难发现，经济系统的目的具有递进性与从属性。递进性即“实现一个目的是为了实现另一个目的”①。比如，一个农户租入土地的目的是为了耕种，耕

① 周农建：《决策学的新视野》，贵州人民出版社 1986 年版，第 54 页。

种的目的是为了获得农产品，获得农产品的目的是为了满足家庭生活的需要；一个企业购进材料的目的是为了生产产品，生产产品的目的是为了销售，销售的目的是为了实现价值与价值增殖。从属性即“实现一个目的是为了实现一个更大的目的”①。比如，实现生产小组的目的是为了实现生产车间的目的，实现生产车间的目的是为了实现分公司的目的，实现分公司的目的是为了实现总公司的目的。目的的递进性，保证了各子系统运行的有序性；目的的从属性，则保证了子系统与总系统运行的一致性。

按照时间的不同，还可将经济系统运行的目的分为阶段性目的与终极性目的。终极性目的规定着、制约着阶段性目的，阶段性目的服从服务于终极性目的；阶段性目的体现着终极性目的的实现要求，终极性目的则通过一系列阶段性目的的实现而实现自己。

3.1.2.2 经济资源的占有性

经济活动，是人们所从事的物质财富与精神财富的生产、交换、分配和消费活动的总和。而人们只有占有一定的经济资源才可能从事现实的物质财富与精神财富的生产、交换、分配和消费活动。换言之，经济系统，就是实现经济资源投入向经济成果产出转化的系统。经济资源投入是经济成果产出的前提，没有经济资源的投入就没有经济成果的产出，经济资源的投入能力决定着经济成果的产出能力，经济资源的投入规模决定着经济成果的产出规模。需要指出的是，笔者在此强调的是经济系统对资源的“占有权”，而非“所有权”。因为只要拥有了资源的占有权，便拥有了资源的使用权，而拥有了资源的所有权，在所有权与经营权分离的情况下，却并不拥有资源的占有权与使用权。

3.1.2.3 认识性活动与实践性活动的统一

人的活动，包括认识性活动和实践性活动。人的经济活动，既

① 周农建：《决策学的新视野》，贵州人民出版社1986年版，第54页。

非单纯的认识性活动，也非单纯的实践性活动，而是认识性活动与实践性活动的统一。马克思在考察人的劳动时有这样一段精彩的阐述："蜘蛛的活动与织工的活动相似，蜜蜂建筑蜂房的本领使人间的许多建筑师感到惭愧。但是，最蹩脚的建筑师从一开始就比最灵巧的蜜蜂高明的地方，是它在用蜂蜡建筑蜂房之前，已经在自己的头脑中把它建成了。劳动过程结束时得到的结果，在这个过程开始时就已经在劳动者的表象中存在着，即已经观念地存在着。"① 也就是说，动物的行为出于本能，而人的活动则是有目的、有意识的。马俊峰先生在《评价活动论》一书中将人类的活动分为两种："一种是观念活动，即观念地、精神地掌握和处理自然对象、社会对象和自身对象的活动；另一种是实践活动，即现实地改造、利用和享受这几种对象的活动。这两种活动同样也是相互依赖、相互渗透、互为前提、互为中介的。一方面，观念活动以实践活动为基础，人通过实践而形成对活动对象的观念、活动过程的观念和活动主体的观念，并利用实践来检验、校正自己的观念。另一方面，实践活动又以一定的观念活动为前提，由此形成了实践的目的、计划，并借此对实践活动进行调控使之成为目的的、有序化的活动。正是这种互为前提、互为中介的关系，使两种活动既相互区别又相互渗透、难以分割，促进了它们的相互发展和共同提高。"② 从潜在的经济需要到现实的经济需要，从现实的经济需要到经济目的的生成，从经济目的的生成到经济目标的确立，从经济目标的确立到经济规划、计划、方案的制定，就是人们的观念活动过程。通过具体的行动把观念形态的蓝图转变为现实的物质存在，就是人们的实践活动的过程。简言之，任何物质资料的生产过程都是认识性活动与实践性活动的统一。

① 马克思：《资本论》第 1 卷（上），人民出版社 1975 年版，第 202 页。
② 马俊峰：《评价活动论》，中国人民大学出版社 1994 年版，第 4 页。

3.1.2.4 稳定性与成长性的统一

19 世纪与 20 世纪之交，法国生理学家贝纳德发现，一切生命组织的内环境，如体内血液、血浆、淋巴，都具有在外部环境发生改变时保持稳定的性质。他指出："一切生命机制不管它们怎样变化，只有一个目的，即在内环境中保持生活条件的稳定。"当时，贝纳德的思想并未引起学术界的关注。20 世纪 30 年代，美国生理学家 W. B. 坎农在他的《躯体的智慧》一书中再次提出生命系统的稳定性问题，并将这一性质称为生命系统的"内稳态"。他认为，不仅生命系统具有内稳态，社会组织同样具有内稳态。[①] 坎农的思想被生理学界肯定为杰出的成就。其内含的方法论价值虽未得到大多数科学家的关注，却为控制论的诞生开辟了道路。此后，控制论创始人维纳等发现了"负反馈调节"机制，由此揭开了组织系统的"稳态"之谜。

既然社会组织具有内稳态，那么经济系统作为社会组织的一类，也必然具有内稳态。在人类社会早期，面对极其恶劣的生存环境，氏族群体的规模及其劳动力的比重被控制在合理的区间内。史料表明，当氏族人数过多时，一部分人就会从原来的氏族中分离出去，组成新的氏族；当群体中劳动力的比重过低与供养人口的比重过大时，部分老年人或残疾人就可能被氏族所遗弃。日本就曾有将老者丢弃深山的风俗。会计史学家郭道杨先生在《会计史研究》第一卷中指出："我国人类学家曾根据北京人头骨上遗留的痕迹，推出了处于这个历史时期的北京人'有食人之风的见解'。这种因生存所迫而产生的人吃人的现象，也为世界其他人类学研究者所证实。"[②] 恩格斯也曾指出："近代科学已经肯定证明：吃人，包括吞食自己的父母，看来是所有民族在发展过程中都经历过的一个阶段。"[③] 氏族分化也好，遗弃老人也好，人食人也好，实际上都是

---

① 参见 W. B. 坎农：《躯体的智慧》，商务印书馆 1980 年版。

② 郭道杨：《会计史研究》第 1 卷，中国财政经济出版社 2004 年版，第 30 页。

③ 转引自郭道杨：《会计史研究》第 1 卷，中国财政经济出版社 2004 年版，第 30 页。

人类社会原始蒙昧时期内稳态的表现。

企业组织同样存在“内稳态”的问题。比如，国家对资本结构不合理、偿债能力低下的企业依法进行破产清算，企业通过资金流动性、资本结构、偿债能力等指标约束自身的经营行为，各类审计与经济监察机构的存在与运行，其目的都是为了维系企业组织的内稳态。

经济系统不仅具有“内稳态”，而且具有成长性。成长性，即经济系统所具有的自我生长的属性，主要表现为产出质的提高和量的增长。如前所述，人类的需要具有无限性：原来的需要满足了，新的需要又会产生出来；低层级需要对人的行为的推动作用弱化了，高层级需要对人的行为的推动作用则会强化。不仅人类的需要是无限的，而且人类用于满足自身需要的创造力也是无限的。正是人类需要的无限性和人类创造力的无限性以及两者的交互作用，构成了经济系统的自我成长机制，决定着经济系统不断演进的趋向。

3.2 经济系统的演变

经济系统，伴随所依存的环境与条件的变化，会发生偏离正常态的涨落。其中，小的涨落通过系统内稳定机制的作用趋于相互抵销，不会使系统发生根本质的变化；一旦涨落大到超出一定的阈值，非系统内稳定机制的作用所能抵销，便会使系统发生根本性的质的变化。

3.2.1 原始社会的经济系统

原始人类的社会结构，最初呈现为各个小规模的氏族群体的孤立自存，经过漫长的道路，才形成了由氏族、胞族、部落、部落联盟等构成的多层级社会组织体系。这些位于不同层面的社会组织，并非都是经济组织。只有氏族组织才是原始社会的经济组织，具有前述经济系统的规定性。在氏族公社内部，产品的生产由其首领统一安排，产品按照平均的原则分配给氏族成员，氏族成员之间交换的不是产品而是劳动。随着原始种植业与原始畜牧业的产生和发展，氏族先是有了用于种子或种畜的储备性产品；出于互通有无的需要，不同区域的氏族开始发生偶然的物物交换行为；随着剩余产品量的增加，不同区域的氏族之间互通有无的物物交换行为逐渐成为一种经常性行为。之后，青铜器及铁器的使用，使种植业与畜牧业、手工业与农业分离开来，随之便产生了以交换为目的的简单商品生产。继而，商业活动从产业活动中分离出来，产生了专事买卖活动的商人。在原始社会末期，由于上述三大社会分工的发生与发展，社会的经济体系开始趋于复杂化，经济组织或经济系统开始趋于多样化。

3.2.2 奴隶社会的经济系统

手工业与农业、商业与产业分离的过程，也就是私有制产生与发展的过程。取代原始社会的是奴隶社会。奴隶主庄园成为奴隶社会时期主要的微观经济组织或微观经济系统。在该类经济系统中，奴隶主是经济资源的所有者、占有者、支配者，对奴隶主来说，奴隶不过是会说话的工具，他们没有人身自由，不拥有任何经济资源，也就不拥有自己的经济。

在原始社会向奴隶社会过渡的过程中，产生了国家，国家取代了部落组织。当王室直接拥有、占有、支配经济资源，为满足王室成员的需要进行生产、交换、分配、消费等经济活动时，王室也就具有了微观经济系统的性质。国家统治者是通过所设的一系列机构来实施其统治的。这些机构为履行自身的职责，必须通过财政部门以徭役、赋税等再分配方式间接地占有一定的经济资源，作为国家管理机构之一的财政部门也就被赋予了对国民收入实施再分配的职责。此外，国家还担负着为全体社会成员提供公共产品的职责。为行使这一职责，国家或直接地占有经济资源，或通过再分配间接地占有经济资源。那些经国家授权利用国有资产进行公共物品生产的组织，便是通常所说的国有经济组织。

3.2.3　封建社会的经济系统

中国的封建社会，是地主经济在社会经济体系中占据主导地位的社会。而支撑着地主经济的则是小农经济。作为封建社会的主要经济资源的土地，主要掌握在皇族、贵族、地主及富商手中。这些土地所有者，一般不直接经营农业生产活动，而是把土地使用权转让给农民，以收取田租、赋税、分派徭役等形式占有农民的剩余产品，以满足自身及家庭成员的需要。农民取得土地使用权的方式主要有以下两种：一是农民耕种的是国家直接配给的土地，以向国家交纳田租、赋税并承担各种徭役作为取得土地使用权的代价；二是农民租种的是地主的土地，以向地主缴纳田租作为取得土地使用权的代价。综上所述，中国的地主经济，一般来说，是消费性经济，而不是生产性经济。中国封建社会的主要生产者是占人口总数90%左右的农民。与地主经济不同，小农经济既不是单纯的生产性经济，也不是单纯的消费性经济，而是生产性经济与消费性经济的统一体。

欧洲的封建社会，是封建庄园制经济在社会经济体系中占据主导地位的社会。欧洲封建庄园的土地一般分为领主自营地和农奴份地两部分。领主的自营地由庄园的农奴以服劳役的方式耕种，领主或其代理人则要监督农奴的劳动，承担生产管理的职能。农奴的份地由农奴家庭耕种。承担领主自营地的劳役及纳税义务，则是农奴家庭获得耕种份地的权力并获得相应收益的前提。与中国的地主经济不同，欧洲的封建庄园经济不是单纯的消费性经济，而是生产性经济与消费性经济的统一体。

3.2.4　资本主义社会的经济系统

如前所述，发端于原始社会末期的三次社会大分工，催生了以交换为目的的小商品生产。随着社会生产力的提高和私人财产权利体系的发展，绵延千年的封建社会大厦坍塌，代之以资本主义商品经济社会的产生与兴起。

在资本主义社会，企业经济在社会经济体系中居于主导地位。企业是占有一定的经济资源，以营利为目的，生产与提供社会所需要的各种产品或服务的经济组织或经济系统。在商品经济发达的国家，企业所提供的物品与服务占社会所需物品与服务的大部分甚至绝大部分。企业，由投资人、经营者和一般员工所组成。投资人，可分为经营性投资人（大股东）和非经营性投资人（小股东）两类。经营性投资人投资的目的不仅是获得投资收益，还在于享有企业的经营决策权和直接控制权。非经营性投资者投资的目的则在于获得投资收益，尽管他们不享有企业的经营决策权和直接控制权，因而不能直接左右企业的生产经营活动，但可以采取抛售或购买股票即“用脚投票”的方式间接影响企业的生产经营活动。经营者亦称“经理人”，是企业生产经营活动与财务管理活动的实际操控者，其参与企业经营管理的目的是为了获取佣金或报酬，经营者阶层的产生源于企业所有权与经营权分离的需要。企业的一般员工也称企业的一般雇员，他们为企业提供的活劳动包括必要劳动与剩余劳动两部分，前者是其获得工资报酬的根据，后者则是企业税前利润的基本来源。

应该指出的是，在企业经济占主导地位的资本主义社会，尽管大部分家庭已不再承担物质资料的生产功能（家庭的自我服务活动除外），其经济活动主要表现为家庭收支活动和家庭消费活动，但仍有小部分家庭在继续发挥物质资料生产的功能作用，比如家庭农场、小手工作坊、个体经营者等。

3.2.5 后资本主义社会的经济系统

由蒸汽机进入实用阶段所驱动的第一次工业革命，使人类社会从手工生产时代跨入机械生产时代；以电力的利用和福特流水生产线的出现为显著标志的第二次工业革命，使少品种、大批量的生产方式应运而生；半导体技术、大型计算机、个人计算机和互联网技术催生的第三次工业革命，带来了工业的自动化；基于云计算技术和物联网技术的第四次工业革命，则获得了“智能制造”这一主导性成果，并拉开了大数据时代的序幕。

面对大数据时代的挑战，资本主义商品经济组织或经济系统的历史局限性正在显露出来，资本主义商品经济的存在价值与前景正在受到越来越多的质疑与非议。全球知名学者、预测专家杰里米·里夫金在《零边际成本社会》一书中指出：“由于自动化使边际成本接近于零”①，“不断扩张的零边际成本经济将从根本上改变我们对经济过程的认识。业主、工人、销售商与消费者的旧有范式将被打破。消费者正在开始从事自我生产，从而消除了上述角色之间的差别。个人用户将在边际成本趋近于零的条件下越来越多地通过协作生产、消费和分享自己的商品与服务，这就带来了经济生活的全新组织方式，超越了传统的资本主义市场模式。”② “未来，在市场经济中，协作共享和辛勤劳动同样重要，而社会资本的积累也将和市场资本的积累同样有价值。衡量人生价值的标准将变为个人的社会归属感，以及对超越与意义的追寻，而非物质财富。”③保罗·梅森在《新经济的逻辑》一书中指出：“我们已经创造的技术与资本主义并不相容，不仅与目前的形势不兼容，也许与其他任何形式都不兼容。一旦资本主义不再适应技术变革，后资本主义就成为必要。当行为和组织看上去自发地适应了开发技术变化，后资本主义也就成为可能。”④ “新技术的三大影响为后资本主义奠定了基础。首先，信息技术减少了对工作的需要，模糊了工作和自由时间之间

---

① 杰里米·里夫金［美］：《零边际成本社会》，中信出版集团 2017 年版，第 146 页。

②③ 杰里米·里夫金［美］：《零边际成本社会》，中信出版集团 2017 年版，第 154 页。

④ 保罗·梅森［英］：《新经济的逻辑》，中信出版集团 2017 年版，第 7 页。

的边界，弱化了工资和工作之间的关系。其次，信息商品削弱了市场正确形成价格的能力。这是因为市场是基于稀缺性的，而信息是丰富的。最后，我们看到协作生产的自发兴起：不再应对市场与管理层次支配的商品、服务和组织正在出现。”①

顺应大数据时代的微观经济系统尽管仍在孕育之中，但是透过国内外雨后春笋般破土而出的共享经济、平台经济、协作经济、俱乐部经济等，人们已经看到了后资本主义社会新型经济的曙光。

摆脱了半封建半殖民地羁绊的正处于社会主义初级阶段的中国，无疑必经发展现代商品经济的道路。然而，中国所要发展的商品经济与资本主义的商品经济已有很大不同，集中体现在，中国是在“共同富裕”这一社会总目标的指引与制约下发展商品经济的，无论是国有企业还是私人企业，在致力于实现营利目标的同时，都必须高度关注与严格履行其社会责任或义务，高度重视与切实保障内部员工的权益。不仅如此，在发展现代商品经济的同时，还要顺应大数据时代的发展要求，处理好商品经济形式与共享经济、平台经济、协作经济等新型经济形式的关系，使之相互补充、相得益彰。简言之，我国所要发展的商品经济是被纳入“共同富裕”轨道的商品经济，是与共享经济、平台经济、协作经济等新型经济共存共荣的商品经济。

3.3 经济系统的功能

3.3.1 经济系统功能与目的的关系

但凡经济系统，都有其功能。经济系统的功能就是实现经济系统的目的。经济系统的目的规定着经济系统的功能，经济系统的目的不同，经济系统的功能亦不同；经济系统的功能则服从服务于经

① 保罗·梅森［英］:《新经济的逻辑》，中信出版集团 2017 年版，第 7 页。

济系统目的的实现要求，离开了经济系统的目的便无从判断经济系统的功能价值。

经济系统的目的，既可以从经济系统总体的层面去把握，也可以从经济系统所涵盖的直接生产、交换、分配、消费各子系统的层面去把握。与此相应，经济系统的功能，既可以从经济系统总体的层面去认识，也可以从经济系统所涵盖的直接生产、交换、分配、消费各子系统的层面去认识。直接生产子系统的功能，是产出人们所需要的物质资料；分配子系统的功能，是将物质资料分配于不同的相关利益者或不同的生产项目与生活项目；交换子系统的功能，是实现物质资料的权能转移或流通；消费子系统的功能，是实现物质资料的效用。经济系统总体的功能，则是上述四大子系统功能的综合，即满足人们对维系自身生存、繁衍与发展的物质资料的需要。

3.3.2　经济系统功能强度的测度

经济系统的功能，不仅存在质的不同，而且存在量的差异。这种量的差异，也就是指具有相同功能的经济系统的功能强度的差异。

经济系统的功能强度可以通过经济系统的输出能力来测度：经济系统的输出能力越强，或者说经济系统的产出质量越好和产出效率越高，经济系统的功能越强；经济系统的输出能力越弱，或者说经济系统的产出质量越差和产出效率越低，经济系统的功能越弱。

3.3.3　经济系统功能的表现

黄金南等在《系统哲学》一书中指出："系统的功能是系统在与外部环境相互作用过程中表现出来的能力和特征。"[①] 按照笔者的理解，这里谈及的"外部环境"是广义的，而非狭义的，泛指与某系统存在耦合关系的所有系统的总和。从纵向的视角看，总系统

① 黄金南等：《系统哲学》，东方出版社 1992 年版，第 149 页。

就是其下属子系统的外部环境；从横向的角度看，其他相关系统（或子系统）就是该系统（或子系统）的外部环境。但凡系统都不是孤立自存的，或者作为更高层面系统的子系统与其他子系统相互耦合对总系统发挥着作用，或者作为某系统的相关系统对该系统发挥着作用，系统的功能便通过对所属系统或对相关系统的作用表现出来，而且系统的功能也只有通过对所属系统或对相关系统的作用才能表现出来。正是在这种意义上，系统的功能也被称为系统的作用。因为系统的功能只有通过对所属系统或相关系统的作用才能表现出来，所以某系统具有何功能，其功能强弱与否，只有基于对该系统对所属系统或相关系统的作用性质、作用方向与作用强度的认识方可判断。

因为与某系统存在耦合关系的系统通常不是一个，而是多个，多个与之耦合的系统又可能会发生变动，所以系统的功能，必然是多样的，而不是单一的，是变动的，而不是固定的。因为系统功能的变动必然表现为该系统对所属系统或相关系统的作用的变动，所以通过对该系统对所属系统或相关系统的作用变动轨迹的考察，也就可以达到对该系统功能变动过程的认识。经济系统是如此，其他系统也是如此。

3.3.4　经济系统功能的类别

第一，经济系统的基本功能与派生功能。

基本功能是为经济系统运行的基本目的所规定的功能。基本功能是经济系统特有本质的体现，基本功能的变化意味着经济系统根本质的变化。派生功能是经济系统基本功能所衍生的功能，是经济系统基本功能在新的作用范围或领域的延伸与体现。比如，物质生产系统的基本功能是满足人们对物质生产资料与物质生活资料的需要，其派生功能则包括为国家的国防安全、社会安定、文明建设提供物质保障等。派生功能在基本功能的前提或基础上产生，没有基本功能就无所谓派生功能；派生功能则是基本功能在变化了的需要、条件与环境下分化、演进、发展的结果，离开了对基本功能的认识就无所谓对派生功能的认识。

第二，经济系统的主要功能与次要功能。

经济系统的功能有主要与次要之分。比如，交换子系统的主要功能是实现物质产品的权能转移，次要功能是实现物质产品的空间位移。对经济系统的主要功能必须予以重点的关注与重点的投入保障，但并不意味着可以忽略或忽视经济系统次要功能的发挥。主要功能与次要功能应该统筹兼顾，而不是做简单的加法或减法。

第三，经济系统的经济性功能与非经济性功能。

经济系统，比如企业，其活动不仅包括物质资料的直接生产、分配、交换、消费等经济类活动，还包括文化传承、思想教育、行政管理、社会交往等非经济类活动。经济性功能是指经济系统的经济类活动所具有的作用。非经济性功能则是指经济系统的非经济类活动所具有的作用。通常所谈的经济系统的功能，是指经济系统的经济性功能，而不包括经济系统的非经济性功能。

第四，经济系统的总体功能与局部功能。

比如，企业的采购、人力资源、生产、销售、财务等部门的功能是企业的局部功能，营利则是企业的总体功能。总体功能，是各个局部功能的综合，而不是各个局部功能的累加；总体功能的实现状况，不仅取决于各个局部功能的实现状况，而且取决于各个局部功能的相互匹配、相互协调、相互耦合的状况。

3.4　经济系统的运行结构

3.4.1　经济系统的总运行结构

系统的结构，即指构成系统的要素、环节或子系统及其相互关系。系统的功能就存在于诸要素、诸环节或诸子系统的相互依存、相互联结、相互作用的关系之中。要明了系统功能的形成机制，就要进行系统的结构分析。基于的功能不同，切入的视角不同，所进行的经济系统的结构分析亦不同。在此，笔者仅从基本功能的角度就微观经济系统的运行结构进行剖析。

微观经济系统产出各种物品与服务实现基本功能的过程，也就是微观经济系统运行的过程。微观经济系统的运行包含决策、执行和检验三个环节。

决策环节，即实践观念的生成环节。“实践观念”包括预期目标（包括愿景、蓝图等）、行动规划、计划与方案等。实践观念的形成过程就是“为谁生产”“生产什么”“生产多少”“怎样生产”等一系列决策活动进行的过程。

执行环节，即行动规划、计划与方案的实施环节。行动规划、计划与方案的实施过程，就是将愿景、蓝图等观念形态的成果转化为现实的成果，亦即物品与服务的直接生产、分配、交换等活动的具体运行的过程。

检验环节，即对预期目标、行动规划、计划与方案等实践观念的科学性、合理性、实操性进行检验，对经济活动实际成效进行评价的环节。这一环节既是上一轮经济活动的终点，也是下一轮经济活动的起点。

简言之，决策、执行、检验三大环节构成一个首尾贯通的闭环系统，共同支撑着经济系统基本功能的发挥。微观经济系统的运行过程，就是决策、执行、检验三大环节的相互链接、前后相续的过程（见图 3 –1）。

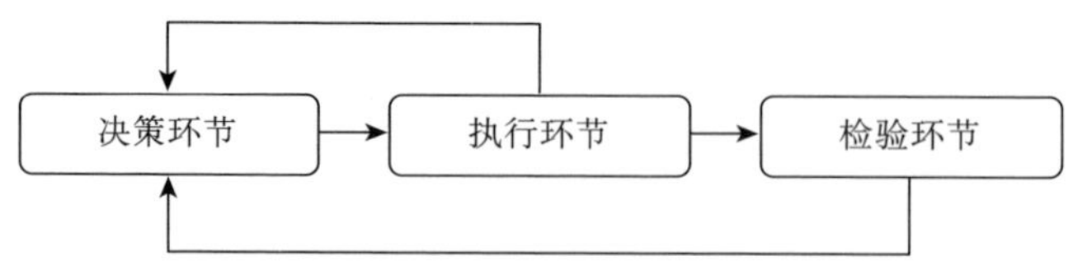

图 3 –1　经济系统总运行结构

在进行经济系统的运行结构分析时，人们往往比较重视决策环节和执行环节，却不太关注检验环节，甚至忽略其存在。如同对研究结果的验证是进行科学研究的一个极其重要、不可或缺的环节一样，人们的经济活动也同样离不开检验环节。上一轮决策是否科学、计划与工作方案是否符合实际、经济活动是否实现了预期目标、实际结果偏离预期目标的原因、下一轮经济活动应该如何改进等一系列问题，均有赖于检验环节才可能厘清。人们只要关心自己的实践成果，只要关注未来的进步与发展，就不能不重视检验活动功能的发挥。将经济系统的运行分解为决策、执行、检验三个环节，既合乎人们的认识规律，也合乎经济活动的规律。

3.4.2 经济系统三大环节的运行结构

3.4.2.1 决策环节的运行结构

经济决策行为，即经济组织或经济单位为实现特定的经济目的，就未来的经济实践活动所进行的调查、分析、预测、策划、设计、论证、选择、审议、审定、审批等行为的总和。经济决策的成果，包括已确立的经济目标和已确定的经济发展规划、生产经营计划、资源配置方案、预算方案、投资方案、融资方案、采购方案、销售方案、利润分配方案等。

可将上面所列举的调查、分析、预测、策划、设计、论证、选择、审议、审定、审批等经济决策行为分为三类：一是与决策相关信息的采集与分析类行为，比如市场调查行为、市场供求现状分析行为、市场供求预测行为等；二是策划、设计类行为，比如经济发展规划编制行为、生产经营计划编制行为、预算方案编制行为、投融资方案编制行为等；三是规划、计划或方案确定类行为，比如方案的技术可行性论证与经济合理性分析行为、方案的择优选择行为、方案的审议审定与审批行为等。

上述三类经济决策行为又分别属于信息采集与分析、计划方案的策划与编制、计划方案的论证与确定三个环节。这三个环节前后相续、依次链接，构成一个完整的经济决策周期（见图3－2）。

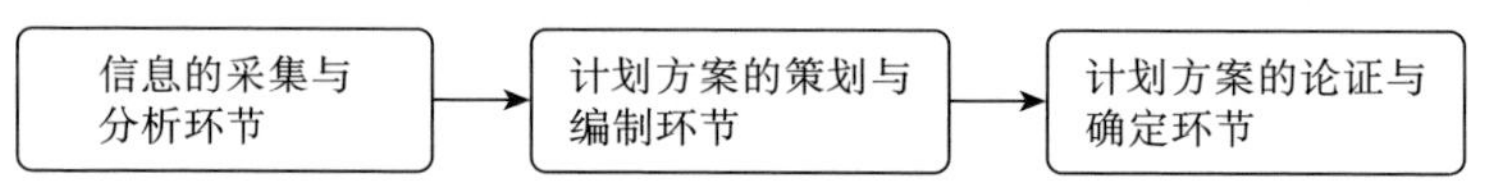

图3－2　决策环节的运行结构

经济决策，按决策主体的不同，可分为个体性决策与群体性决策两类。个体性决策，是指决策的主体是个人，而非团队。比如，个体企业的大事小情一般都由老板决定，尽管老板也可能就决策事项向别人咨询，找人“参谋”，但被咨询人、参谋人并不拥有决策权力。群体性决策则不相同，其决策主体并非个人，而是一个决策机构或一个决策团队，群体性决策的决策权不是由个人独占，而是为决策团队的全体成员所共有。在群体性决策的场合，决策团队通常是按照既定的决策程序采用规范的决策方法进行决策，比如，公司董事会按照公司章程的规定程序与方法就公司的重大事项作出决策，公司的经理人员按照公司章程的规定程序与方法就公司的日常经营事项作出决策。

3.4.2.2　执行环节的运行结构

既然决策环节是实践观念的生成环节，那么，决策活动便是一种精神性活动，而不是一种物质性活动。只有将观念形态的规划、计划、方案付诸实施，才可能实现精神向物质、蓝图向现实、预期结果向实际结果的转变。

然而，将规划、计划、方案付诸实施所获得的结果与人们所预期的结果二者完全一致的情形是很少见的，大多数情况是存在偏差，甚至存在大的偏差。究其原因主要有三点：一是决策者对决策事项认识的局限性导致所作出的决策与客观实际不尽符合；二是决策客体未来变动的不确定性导致经济系统的实际运行状态与人们的预期不尽符合；三是规划、计划、方案的执行者对规划、计划、方案的误解或执行中的主观随意性导致实际经济活动偏离规划、计划、方案所预设的轨道。鉴于此，在规划、计划、方案实施期间，敏锐地捕捉系统实际运行状态及其结果的信息，将其与规划、计划、方案所预期的状态及其结果进行比照，针对实际情况及变化了的环境、条件对规划、计划、方案进行必要的修正，对偏离或背离规划、计划、方案的行为进行及时的调控，就成为贯穿执行过程、保障预期目标达成的一条主线。

若对实施环节的活动进行剖析，不难看到，执行环节由计划方案实施、实际结果确认、实际运行状态分析和实施行为调控四个子环节组成。

在计划方案实施子环节，经济系统内设的各业务单位按照计划或方案的要求开展各种业务活动。

在实际结果确认子环节，会计部门对经济活动的实际结果进行确认与计量，既包括对分项实际结果的确认与计量，也包括对总体实际结果的确认与计量；既包括对阶段性实际结果的确认与计量，也包括对终结性实际结果的确认与计量；既包括对分项实际收益的确认与计量，也包括对实际总收益与净收益的确认与计量。

在实际运行状态分析子环节，各个业务主管部门及统计、会计部门，将系统的实际运行状态与计划、方案的预期状态两相对照，测算目标偏离值，查明影响因子。

在实施行为调控子环节，经营管理人员针对存在的问题发出修正计划、方案及改进、改善、调整实施行为的指令，各实施单位和部门执行指令，保障经济活动朝既定的目标、按正确的轨道推进。

上述四个子环节首尾贯通、紧密衔接、相互交织，共同支撑着执行环节的系统运行（见图3－3）。

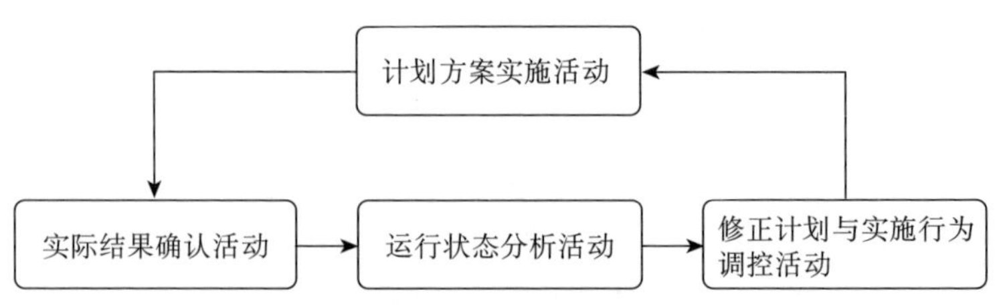

图 3-3　执行环节的运行结构

3.4.2.3　检验环节的运行结构

人们按照预定的计划或行动方案从事实践活动，其结果无非是四种情况：一是实践结果达到了预期目标；二是实践结果超出了预期目标；三是实践结果未能完全实现预期目标；四是实践活动以失败而告终。即便实践活动以失败告终，人们也不能停止脚步，只能是吸取失败的教训，继续前行。人类的经济活动史，既是一部成功史，也是一部失败史，正是失败与成功的交替，推动着人类的认识水平不断提高，经济活动能力不断增强。

通过对检验子系统运行过程的分析，不难看到，该过程由信息采集、对比分析评价、反馈三个子环节组成。在信息采集子环节，采集进行实践观念检验与经济活动实际成效评价所需的信息；在评价分析子环节，总结经验，发现问题，提出改进意见，形成检验评价结论；在反馈子环节，将检验评价结论及改进意见提供给经济活动决策者与组织者，为下一轮经济活动的进行提供借鉴（见图 3-4）。

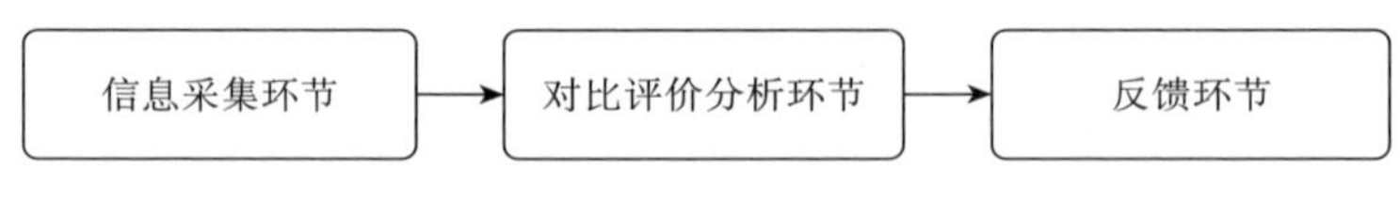

图 3-4　检验环节的运行结构

3.5　经济系统运行的信息需求

1948年，信息论奠基人申农在《通信的数学理论》一文中，首次就信息和通信的基本理论问题作了阐述。申农从通信科学这一特殊的视角将信息定义为“消除了的不确定性”而获得广泛的认同。此后，信息方法开始应用于各个学科领域的研究中。然而，有关“信息一般”的定义，至今仍然是观点纷呈，林林总总。笔者接受这样一种观点：“大致说来，信息可描述为世界上一切物质系统存在的形态、状态、结构、特征、特性等等具有确定性的表征或标志。”①

为了维系经济系统的运行，无疑既要处理好技术方面的问题，也要处理好经济方面的问题；既要处理好经济活动中人与自然的关系，也要处理好经济活动中人与人的关系。而要处理好上述问题或关系，无疑必须掌握与利用好相关信息。下面，笔者首先根据信息表征对象的不同将经济系统运行所需信息划分为环境类信息、技术类信息与经济类信息，再根据信息功能作用的不同将经济系统运行所需信息划分为决策支持类信息、调控支持类信息与检验支持类信息。

3.5.1　环境类、技术类与经济类信息

3.5.1.1　环境类信息

这里所说的环境，包括经济系统的外环境和内环境。经济系统的外环境，即经济系统所处的地理环境、生态环境、资源环境、交通环境、信息环境、制度环境、政策环境、文化环境等；经济系统的内环境，即经济系统的各子系统的共生环境，包括经济系统的组

① 陈新汉：《社会评价论》，上海社会科学院出版社1997年版，第165页。

织架构、管理体制、运行机制、考评制度、价值观念、文化内涵等。环境类信息，即有关经济系统所处的地理环境、生态环境、资源环境、交通环境、信息环境、制度环境、政策环境、文化环境等外环境信息和经济系统组织架构、管理体制、运行机制、考评制度、价值观念、文化内涵等内环境信息的总和。

3.5.1.2 技术类信息

技术是一个动态的概念。随着人类科学技术水平的提高，“技术”一词的内涵与外延也不断变化。古希腊的亚里士多德，曾把技术视为人们制作物品的技能。法国第一部《百科全书》曾把技术定义为完成某种特定的目的而共同协作的方法、手段和规则的完整体系。现今，人们则从更宽阔的视野认识技术，认为技术是扩展人类能力的任何工具和技能，包括有形的工具与设备、无形的工作程序和方法。按照现今人们对技术的理解，笔者将与经济系统相关的技术类信息主要归为六类：

（1）设备和工具的数量、性能、使用状态类信息；

（2）劳动者的技术、技能水平类信息；

（3）产品配方和人财物消耗定额等技术参数类信息；

（4）工艺流程、工作规程与方法类信息；

（5）系统要素的空间布局与时间延续类信息；

（6）人们在生产或工作中的分工与协作类信息。

3.5.1.3 经济类信息

经济信息不同于技术信息。技术信息侧重反映的是经济系统中人和自然的关系，亦即机械的、物理的、化学的、生物的运动规律对人的经济活动的支配与制约；经济信息则侧重反映的是经济系统的输入、输出、人与人之间的经济利益关系等状况及其变动的趋势。

第一，输入类信息。

输入是输出的前提，没有输入就没有输出，输入的状况决定着输出的状况，输入的规模制约着输出的规模。经济系统的输入，即指投入经济系统的全部要素的总和，既包括劳动力、劳动资料、劳动对象等实体性要素的投入，也包括管理、技术、信息等非实体性要素的投入。

社会的经济形态不同，经济系统投入的形式也会有所不同。在自给自足的自然经济形态下，经济系统的投入表现为人力和物力的直接投入。在现代商品经济形态下，经济系统的投入，首先表现为一定量货币的投入，再通过购买、费用支付等方式，转化为人力、物力等生产要素的投入。而且，无论是所投入的货币，还是所投入的生产要素，均具有资本的属性，资本成为经济资源的别称，经济资源成为资本的载体，经济资源的投入综合表现为资本的投入。

社会的经济发展阶段不同，经济系统的投入结构也会存在差异。在社会生产力低下的原始社会，经济系统的投入主要是人力资源或活劳动的投入，物化劳动的投入比重极低。伴随着社会经济的发展，物化劳动的投入比重逐步提高。步入工业化时代以后，管理与技术两大非实体性要素的投入比重逐渐加大。信息时代开启以来，信息这一非实体性要素的投入比重迅速增加。

需要指出的是，投入经济系统的资源，是经济系统的处于储备状态的资源、处于占用状态的资源、处于转化形态的资源、所消耗的资源的总和，而不是仅指所消耗的资源。处于储备状态的资源，虽未实际耗用，但已不能挪作他用。处于使用状态的设施设备，虽然从价值的形态看，被折旧的部分已被消耗，但从使用价值的形态看，其实体仍然在发挥着产出的作用。那些在产品和半成品，显然还不能视作是系统的产出，而是待加工的对象亦即向产成品转化过程中的资源。简而言之，储备的、被占用的、被消耗的、处于中间产品形态的资源，都是投入经济系统资源的组成部分。

既然经济系统的输入是劳动力、劳动资料、劳动对象、管理、技术、信息等要素或储备性资源、占用性资源、中间产品性资源、消耗资源性的总和，那么，经济系统输入类信息，也就是有关劳动力、劳动资料、劳动对象、管理、技术、信息等要素输入信息或有关储备性资源、占用性资源、中间产品性资源、消耗性资源等信息的总和。

第二，输出类信息。

经济系统的输出，即经济活动所获得的结果。经济活动的结果，就自给自足的自然经济系统而言，即产出的实物产品或服务产品；就简单商品经济系统而言，即实现的价值；就大商品经济系统而言，即实现的剩余价值或利润。概言之，经济系统输出类信息，包括实物产品与服务产品的产出类信息、实物产品与服务产品的销售收入类信息、企业盈亏状况类信息等。

第三，经济关系类信息。

人们只有相互结合才能从事物质生产活动，形成与大自然相抗衡的力量。经济关系，就是人们在物质生产过程中所结成的关系。所有制关系是经济关系的核心。经法律确认的所有制关系亦称财产关系。财产关系，并非仅指财产的归属，而是财产的所有权、支配权、占有权、使用权、受益权等一系列权能的总和。上述权能可能统属财产的所有者，也可能分属不同的经济主体。债权与债务关系、租赁与承租关系、抵押与被抵押关系、承包与被承包关系、委托与被委托关系等，都是上述权能分属不同经济主体的形式。就某一经济系统而言，财产关系，不仅包括生产资料所有权及其所派生的一系列权能，还包括产出成果的分配权与剩余索取权。上述权能在相关利益者之间的配置格局不同，相关利益者之间的经济利益关系也就不同。经济关系类信息，即指生产资料所有权及其所派生的权能的配置信息、产出成果的分配信息、剩余产品或剩余价值或利润的分配信息等。

3.5.2 决策类、调控类与检验类信息

3.5.2.1 经济决策类信息

经济决策类信息，即进行经济决策所需利用的信息。比如，为了确定预期目标，设计编制规划、计划与方案，必须获得有关环境、条件、资源、目标市场的供需状况、国家财经法规及有关政策、上下游企业、竞争对手的情况等方面的信息；为了进行计划、方案等的优化选择，则必须获得有关供选择方案的技术可行性论证与经济合理性分析等方面的信息。

3.5.2.2 经济调控类信息

经济调控类信息，即进行经济活动调控时所需利用的信息。该类信息主要包括：一是有关付诸实施的计划与方案的信息；二是实施过程中生成的反映经济资源实际投入、实际耗费与实际产出状况的信息。尽管上述两类信息的反映对象都是经济活动，但前者反映的是预期的经济活动，后者则反映的是实际的经济活动。正是因为二者存在这一差异，才可能通过两类信息的对比分析，生成对经济活动实际运行实施调节的指令性信息，使调控活动得以进行。

处于不同经济发展阶段的人们，对经济调控类信息的需求强度是大不相同的。在第一次工业革命以前，人们从事的生产活动主要是农业生产活动。农业生产条件受制于土地与气候，农业生产周期决定于自然季节的更替。尽管人们通过控制播种量、遇涝排水、遇旱灌溉等方式也能对农作物的生长产生一定的影响，却无法改变农业发展可选择空间狭窄、对生产活动调节余地狭小这一格局。在这样一个时期，虽然人们也会进行控制播种量、排水、灌溉等调节性活动，但此类活动一般不是基于人们对相关信息的自觉利用，而是世代相袭的经验或常规使然。

与农业生产不同，工业生产在绝大多数场合不再受土地、季节、气候等自然条件的限制，在产品种类、生产空间、生产时间、

生产规模、生产工艺、生产组织等方面都有了更多的选择，而多种选择机会的存在则无疑为人们实施对生产活动的调节提供了必要前提。而且外部的市场竞争压力和内在的逐利要求，又大大强化了人们对经济活动实施调节的自觉性与主动性。在这种情况下，调节行为对信息的依赖性以及信息作为经济资源的属性便显现出来，调控类信息逐渐成为人们高度关注的对象。

3.5.2.3 检验类信息

检验类信息，即进行预期目标、规划、计划、方案等实践观念的科学性、合理性、实操性的检验与经济活动实际成效的评价所需的信息。

该类信息主要包括：一是有关作为检验对象的预期目标、计划与方案的信息；二是有关经济活动实际结果的确认、计量类信息及经济活动实际成效分析类信息；三是计划与方案实施状态类信息，比如，计划与方案的落实情况、实施进度、存在问题、调整情况等信息。

获取第一类信息，旨在明了检验的对象；获取第二类信息，旨在掌握检验评价所依循的根据；获取第三类信息，旨在揭示实际成果与预期成果发生偏差的原因。

第4章

会计的本质及其规定性

经济系统与其外部环境之间，不同经济子系统之间，同一经济子系统的不同构成元素之间，无不存在着持续不断的物质、能量、信息的交换。如果说，物质交换系统是经济系统的营养系统，能量交换系统是经济系统的动力系统，信息交换系统是经济系统的神经系统，那么，会计系统则是信息交换系统中的经济信息处理系统，其基本职能是为经济系统的运行提供相关经济信息服务。本章旨在从探讨会计所依存的矛盾运动入手，进而揭示会计本质及其一般规定性。

4.1 揭示会计本质的方法

所谓会计的本质，就是指会计区别于其他事物的特殊规定性。对会计本质的认识，就是对会计特殊规定性的认识。只有揭示出会计的特殊规定性，才能够回答“什么是会计?”“为什么这是会计，而不是其他?”等问题。从这种意义上说，对会计的本质或特殊规定性的研究，也就是对会计内涵的研究。

有关会计的研究，包括会计基本理论研究、会计应用理论研究和会计实务研究三个层面。揭示会计的本质，既是会计基本理论研究中的一个重头戏，也是一个研究难度较大的课题。人们往往是从不同的视角认识“会计”的。比如，有人把会计界定为一种管理活动，有人把会计界定为一个信息系统，有人把会计界定为一个知识体系，有人把会计界定为一种职业；有人从自给自足自然经济体的角度理解会计；有人从古典企业的角度理解会计；有人从现代企业的角度理解会计，有人从手工操作的角度阐释会计，也有人从电算化的角度阐释会计。凡此种种，莫衷一是。迄今为止，人们所给出的，更多的是有关商品经济条件下“会计特殊”的描述，而不是对会计本质规定性的揭示。

同样的情形也存在于其他的研究领域，人类社会自产生以来已绵延数百万年，可无论是对自然界还是对自身，仍有许许多多说不清、道不明的问题。即便是人类须臾不曾离开的“文化”，尽管有无数杰出的学者辛勤耕耘，不懈地探究与寻觅着文化的本质，却至今未能形成统一的认识。正如李宗桂先生在《中国文化概论》一书中所言：“关于文化的定义，有说一百多种的，也有说二百多种的”。[①] 美学、艺术学等诸多社会学科的研究状况亦大致如此。这或许是认识的历史局限性使然，因为人们的研究尚未到瓜熟蒂落的时节。

任何问题的研究，其方法的选择都是至关重要的。方法不当，解决问题只能是一句空话。俗语称：“一把钥匙开一把锁。”那么，打开会计本质之门的钥匙又是什么呢？唯物论辩证法告诉我们，任何事物都是一定矛盾的产物，事物的特殊矛盾规定着事物的特殊本质，揭示出事物的特殊矛盾便找到了打开事物本质之门的钥匙。在自然科学领域，物理学家揭示了物质之间吸引和排斥的矛盾，便揭示了力学运动的本质；化学家揭示了物质之间化合和分解的矛盾，便揭示了化学运动的本质；生物学家揭示了生命物质的遗传与变异

---

① 李宗桂：《中国文化概论》，中山大学出版社 1988 年版，第 4 页。

的矛盾，便揭示了生物运动的本质。在社会科学领域，马克思揭示了生产力与生产关系、经济基础与上层建筑的矛盾，便揭示了人类社会运动的本质。然而，决定着会计活动的存在及其本质的特殊矛盾又是什么呢?

4.2　经济系统的内在矛盾和会计的存在

4.2.1　预期目标与实际结果的矛盾和会计的存在

通过前面对经济系统的运行结构及贯穿其中的信息运动的分析，不难看到，经济系统的运行过程既是决策活动、执行活动、检验活动的相互依存、前后相续、交织交错的过程，也是认识与实践矛盾运动的过程。

在决策环节，认识与实践的矛盾表现为人们的前瞻性认识与未来经济活动规划行为的矛盾。

在执行环节，认识与实践的矛盾表现为期望的经济运行状态与实际的经济运行状态的矛盾。

在检验环节，认识与实践的矛盾表现为规划、计划、方案等实践观念与实际结果的矛盾。

如果对贯穿于经济系统运行全过程的认识与实践的矛盾作进一步分析，便会发现，在认识与实践的矛盾所派生或制约的众多矛盾中，居于核心地位的是经济系统运行的预期目标与实际结果的矛盾。或者说，预期目标与实际结果的矛盾，是经济系统运行中的认识与实践矛盾的最集中的体现。

自然繁衍的植物与动物，其生长的地域、时间、种类与数量，完全是大自然的安排。以采集野生植物和狩猎野生动物维生的人类活动，相比动物的觅食活动，尽管表现出更强的能动性与更大的机动性，但这种能动性、机动性还是极其有限的，并未强大到能够改变原始人类被动、盲目地依赖大自然、听命于大自然的格局。也就是说，在采集渔猎的生存方式下，人类的经济活动还不是一种真正意义的改造自然的活动，其经济活动结果也还不是一种人化自然的成果。因为认识与实践、预期目标与实际结果的矛盾尚处于孕育之中，并未现实地表现出来，自然也就不存在人们对解决该矛盾的需要。

在漫长的采集渔猎活动中，随着意识的发展和活动经验的积累，人类开始了所特有的物质生产活动亦即种植业与畜牧业活动。物质生产活动，“是指主体把自己当作一种自觉的力量运动起来，按照预定的目的和方案操作物质工具，对对象进行实际的分解和组合，改变它的存在方式和运动方式，使之成为具有有利于人、符合人的需要的形式的客体”①。伴随着物质生产活动的产生，认识与实践、预期目标与实际结果的矛盾便现实地表现出来。物质生产活动与人类早期的采集渔猎活动具有本质的不同，后者是人类的一种被动地适应大自然的行为，前者则是人类的一种有意识、有目的的创造性行为。具体说来，在进行物质生产活动之前，人们便要就生产什么、生产多少、用什么生产、怎样生产在头脑中定好目标，做出计划，形成方案。然后，将计划、方案付诸实施以实现预期目标。生产活动结束后，则要确认活动结果，并对预期目标的实现情况做出评价，以便为下一轮生产活动提供有效的指导。尽管远古时代的人们对物质生产的愿景、蓝图的描绘极其粗糙，与现今人们对未来的规划与设计无法比拟，但就认识转化为实践、预期目标转化为现实结果这一过程而言，却是远古时代物质生产活动与现今社会物质生产活动概莫能外的。

笔者在第 3 章曾谈到，由于种种主客观原因，人们从事经济活动所获得的实际结果常常会偏离预期目标。也就是说，经济活动的

---

① 马俊峰：《评价活动论》，中国人民大学出版社 1994 年版，第 113 页。

预期目标与实际结果并不是同一的，而是存在矛盾的。人们只有正视并处理好这一矛盾，才可能推动经济活动向目的地稳定持续地发展。在人们为解决预期目标与实际结果的矛盾而展开的一系列活动中，有一类活动是极其重要且必不可少的，这就是进行经济活动的投入与产出及其相互关系的反映与计量。这种伴随着人类物质生产活动而产生的对经济活动投入与产出及其关系的反映与计量活动就是会计活动。要解决预期目标与实际结果的矛盾，就要借助一系列手段，会计则是解决预期目标与实际结果矛盾的手段集合中的一个不可替代的子类。

伴随着社会经济的发展，对会计活动新的需求也在不断形成。在一个个新需求的推动下，会计活动内容逐渐丰富，会计业务范围逐步拓展，会计职能趋于多样。然而，无论会计活动在新需求的推动下如何变化，都不会改变其源于解决预期目标与实际结果矛盾的需要这一基本事实。只要存在着物质生产活动，便存在着认识与实践、预期目标与实际结果的矛盾，作为解决这一矛盾不可或缺工具的会计就不可能消亡。

4.2.2　资源稀缺性与需要无限性的矛盾和会计的存在

经济活动所内含的预期目标与实际结果的矛盾，是会计活动存在的根据，但不是会计活动存在的唯一根据。除此之外，会计活动的存在还与经济活动内含的另一矛盾，即资源稀缺性与人们需要无限性的矛盾相关。只有从上述双重矛盾运动的角度，才可能全面地揭示会计活动存在的根据，才可能深刻地理解会计的特有本质。

物质生产活动的过程，就是投入向产出转化的过程。所谓“投入”，就是指经济资源的投入；所谓“产出”，就是指用于满足人们需要的产品或服务的产出。如前所述，人的需要、欲望是没有止境的，原有的需要、欲望得到满足后，又会产生出新的需要、欲望。人的需要的无限性必然派生人们对“产出”追逐的无限性，而产出的无限性无疑需要经济资源投入的无限性来支持。然而，在现实生活中，经济资源的稀缺性却导致投入是有限的，而不是无限的。这就决定了在物质生产活动中必然包含着一对矛盾，即经济资源的稀缺性和人们需要无限性的矛盾。这一矛盾既是人类社会形形色色经济问题产生的根源，也是正确认识与理解人们所奉行的经济合理性原则的关键。

当人类从采集渔猎活动转向种植业与畜牧业活动，通过自身的物质生产活动来满足物质生活需要时，经济资源的稀缺性和人的需要无限性的矛盾便出现了。因为当时人们投入物质生产过程中的具有稀缺性的经济资源主要是自身劳动，所以当时的经济资源稀缺性与人的需要无限性的矛盾便主要体现为劳动供给的有限性与人们需要无限性的矛盾。正如马克思在《资本论》中所言："在一切社会形态下，人们对生产生活资料所耗费的劳动时间必然是关心的，虽然在不同的发展阶段上关心的程度不同。"①

为了从有限的劳动投入中获得尽可能多的物质生活资料，无疑必须将劳动时间相对合理地分配于所需各种物品的生产。比如，一个自耕农在进行生产之前，首先要对其家庭所需的各种物品按需要强度排序，再按需要强度从强到弱配置劳动资源，以求劳动效用的最大化。即便是置身孤岛的鲁滨逊也不例外："需要本身迫使他精确分配自己执行职能的时间。在他的全部活动中，这种或那种职能所占比重的大小，取决于他为取得预期效果所要克服的困难的大小。"② 简言之，只要存在经济资源的稀缺性，就会存在核算与配置经济资源的需要，进而发生人们核算与配置经济资源的行为。在人类社会的早期，尽管人们核算、配置经济资源的能力和水平极其低下，但这种低下并不能成为否认当时存在经济资源核算与配置行为的根据。

---

① 马克思：《资本论》第1卷（上），人民出版社1975年版，第88页。

② 马克思：《资本论》第1卷（上），人民出版社1975年版，第93－94页。

强调经济资源稀缺性与人们需要无限性的矛盾是会计存在的根据，并不意味着由此可以得出“会计产生于人们对经济效益追求”的结论。其理由有两点：

一是会计活动的产生，是经济活动预期目标与经济活动实际结果的矛盾和经济资源稀缺性与人的需要无限性的矛盾综合作用的结果，而不是经济资源稀缺性与人的需要无限性的矛盾独立作用的结果。

二是上述两大矛盾在不同的历史时期和不同的社会经济条件下所处的地位及其作用并非等量齐观，而是存在着差异。在原始人类进行改造自然的物质生产活动的初期，所面对的主要矛盾显然不是经济资源稀缺性与人的需要无限性的矛盾，而是经济活动预期目标与经济活动实际结果的矛盾；所要解决的首要问题显然不是如何提高经济效益的问题，而是如何通过对物质生产结果的计量、计算以解决物质生产与生活的稳定性、持续性的问题。人类最初的会计活动无疑主要是与对物质生产结果的计量、计算以及对生产与生活的安排调节相关的。这一时期，即便人们已经萌生了经济效益观念，但这种观念充其量也是模糊的、缺乏明确指向的，对人们的行为难以产生实质性影响，不可能发挥主导性作用。既然如此，将会计的产生归结为人们对经济效益的追求，就难免失之武断与片面。

4.3　会计的本质

4.3.1　本质属性与非本质属性

任何事物都是多重属性的综合体。比如人，既具有物理的、化学的、生物的自然属性，也具有群居的、文化的社会属性。人是如此，人的会计活动亦是如此。在事物所具有的多种属性中，有些属于本质属性，有些则属于非本质属性。

本质属性，即某类事物所特有的属性，凭借着对本质属性的认识便可以将该类事物与其他类别的事物区别开来。

非本质属性，即非某类事物所特有的属性，凭借着对非本质属性的认识并不能将该类事物与其他类别的事物区别开来。比如，公共权力是国家的属性，但不是国家的本质属性。因为公共权力并非国家所特有，它既存在于国家之中，也存在于国家产生之前和国家消亡之后。恩格斯指出，体现国家特殊本质的，不是一般的公共权力，而是“和人民大众分离的公共权力”①。

对会计本质的认识就存在于对会计本质属性的认识之中。那么，通过对哪些属性的认识可以达到对会计本质的认识呢？笔者认为，会计主体、会计对象、会计基本职能的一般规定性均是会计本质在不同侧面的体现，通过对会计主体、会计对象、会计基本职能的一般规定性的认识，便可达到对会计本质的认识。下面，笔者基于前述有关预期目标与实际结果、经济资源稀缺性与人的需要无限性的双重矛盾的分析，对会计主体、会计对象、会计基本职能的一般规定性进行探讨，进而对会计的本质即会计的内涵进行界定。

4.3.2 会计的本质属性

4.3.2.1 会计主体的一般规定性

前已论及，经济系统是指掌握一定的经济资源，具有明确的经济功能和经济目标的经济组织或经济单位。这些经济组织作为经济活动的主体，无论掌握何种经济资源，具有何种经济功能，从事何种生产、分配、交换、消费活动，都必须进行经济资源的核算与配置，都必须对经济活动的结果进行反映、计量与评价。也就是说，掌握一定的经济资源，具有明确的经济功能和经济目标的经济组织或经济单位，就是会计的主体。小的经济组织，内部结构相对简

① 《马克思恩格斯选集》第4卷，人民出版社1995年版，第116页。

单，经济业务比较单纯，没有必要专设会计机构或会计人员，有关会计事项可以由经营管理者或其他业务人员附带地进行处理。大的经济组织，内部结构复杂、业务种类繁多，专业分工细化，有关会计事项不仅需要专设会计人员来处理，甚至需要专设会计机构来处理。然而，这种会计事项处理人员的不同并不意味着会计主体的不同。即便在专设会计人员或会计机构的场合，会计主体也同样是掌握一定的经济资源、具有明确的经济功能和经济目标的经济组织或经济单位，专设的会计人员或会计机构不过是受托于经济组织或经济单位代行会计的职责罢了。

作为会计主体的经济组织或经济单位，可能是经济法人，也可能是非经济法人。比如，总公司下设的分公司，大公司内设的投资中心、利润中心、成本中心并非是经济法人，却都是会计主体。既然是会计主体，便要进行独立的或相对独立的会计业务活动。

4.3.2.2　会计对象的一般规定性

会计对象，也就是会计的客体，亦即会计活动的对象。对于会计对象的一般规定性，笔者认为，可以从会计活动、会计主体、会计时态三个视角去认识。

第一，从会计活动的视角看会计对象的一般规定性。

会计活动是对经济资源的核算活动与对经济活动结果的反映、计量、评价活动的总和。就会计活动是对经济资源的核算而言，会计对象一般即投入经济组织的经济资源；就会计活动是对经济活动结果的反映、计量、评价而言，会计对象一般即经济组织的经济活动的结果。若从上述两类活动综合的角度看，会计对象一般即经济组织的投入与产出及其关系。

这里所说的“投入”，不仅包括直接生产活动的“投入”，也包括分配、交换等经济活动的“投入”；不仅包括直接性投入，也包括间接性投入；不仅包括资本性投入，也包括收益性投入。

这里所说的“产出”，既是指直接生产活动的“结果”，也是指分配、交换等经济活动的“结果”；既是指实物产品与劳务产品成果，也是指以货币计量的财务成果。

这里所说的“投入与产出的关系”，既是指投入与产出的绝对量的关系，也是指投入与产出的相对量的关系；既是指投入与产出中的物与物的关系，也是指投入与产出中的经济利益的关系。

既然会计对象就是经济组织的投入与产出及其关系，那么，会计的反映与计量活动就包括四个方面：一是对投入的反映与计量，既包括对投入类别的反映，比如，是生产性投入还是流通性投入，是直接性投入还是间接性投入，是资本性投入还是收益性投入；也包括对投入量的计量，比如投资额、资产额、固定资产额、折旧额、工资额、利息额、广告费用额等等。二是对产出的反映与计量，既包括对产出的质的反映，比如是A产品还是B产品，是生产结果还是流通结果，抑或分配结果；也包括对产出量的计量，比如某产品的入库量、出库量、销售量，某时期的总销售额、总利润额等。三是对投入与产出关系的确认与计量，既包括对投入与产出绝对量的关系，亦即产出扣除耗费后的剩余量或剩余额的确认与计量；也包括对投入与产出相对量的关系的反映与计量，比如投入产出比、资金利润率、销售利润率、净利润率等；还包括对分配关系的反映与计量，比如工资、利息、租金、税金、利润等。四是对经济活动预期目标实现情况的反映，会计报表便是对经济活动预期目标实现情况的集中性、综合性反映。

第二，从会计主体的视角看会计对象的一般规定性。

如前所述，会计主体就是实施会计活动的经济组织或经济单位。尽管经济组织的会计对象都是经济资源的投入与产出及其关系，但不同类别的经济组织因所从事的经济活动不同，作为会计对象的投入与产出及其关系的内容也会有所不同。比如，物质生产性经济组织投入的是机器设备、原材料、燃料、生产工人等要素，产出的是实物产品；服务性经济组织投入的是服务设备、服务材料、服务人员等要素，产出的是服务产品；商业性经济组织投入的是待销产品、销售工具与设施、销售人员等要素，获得的是销售收入。鉴于此，既不能脱离会计主体即经济组织的性质去谈会计对象，也不能将某类经济组织的特殊的会计对象视作所有经济组织的一般的会计对象。

第三，从会计时态的视角看会计对象的一般规定性。

我们不仅可以从会计活动和会计主体的视角去看会计对象的一般规定性，还可以从会计时态的视角去看会计对象的一般规定性。与其他事物相同，会计对象也具有将来时、现在进行时和完成时三种时态。时态不同，会计对象的规定性也会存在差异。

从将来时态的视角看，作为会计对象的“投入”，不是指现实的投入，而是指经济组织有关投入的构想、规划、计划、方案，或者说是存在于人们头脑中的有关投入的观念；作为会计对象的“产出”，不是指现实的产出，而是指经济组织有关产出的预期、预测及预期目标，或者说是存在于人们头脑中的有关产出的观念；作为会计对象的“投入与产出的关系”，不是指现实的投入与产出的关系，而是指经济组织基于对经济规律的认识与自身的经验，采用一定的方法所预设的投入与产出的关系，或者说是存在于人们头脑中的有关投入与产出关系的观念。

从现在进行时态的视角看，作为会计对象的“投入”，既不是指存在于人们头脑中的有关投入的观念，也不是指已经完成的投入，而是指按照计划、方案的要求处于逐步展开过程中的投入，投入的过程也就是相关计划、方案付诸实施的过程；作为会计对象的“产出”，不是指处于完成形态的产出，而是指处于中间形态的产出，产出的过程也就是生产计划付诸实施、预期目标逐步实现的过程；作为会计对象的“投入与产出的关系”，不是指人们所构想的投入与产出的关系，而是指处于形成、展开过程中的投入与产出的关系，投入与产出关系形成、展开的过程也就是预设的投入与产出的关系转化为现实的投入与产出关系的过程。

从完成时态的视角看，作为会计对象的“投入”，不仅是现实的投入，而且是已经完成的投入，完成的投入不再以资源的形态存在，而是以产品的费用或成本的形态存在。作为会计对象的“产出”，已不是中间形态的产出，而是成品形态的产出，成品形态的产出是经济活动预期目标的实现形式，是经济活动的实际结果；作为会计对象的“投入与产出的关系”，不是指处于形成、展开过程中的投入与产出的关系，而是指已经形成和确定的投入与产出的关系。

4.3.2.3 会计基本职能的一般规定性

翻阅一本本会计学原理教材，看到的是近乎相同的表述：“会计的职能就是会计在经济管理中所具有的功能。”将会计的职能与会计的功能等同视之，似成定论。而在笔者看来，“会计职能”与“会计功能”是既相联系又相区别的两个范畴。“会计职能”涵盖“会计功能”，而不等同于“会计功能”；“会计职能”是“会计职责”与“会计功能”的统称，而不是仅指“会计功能”。

“会计职责”，是相对劳动分工而言的，指的是会计人员所承担的区别于其他人员的责任；“会计功能”，则是相对会计与经济系统的其他子系统的关系而言的，指的是会计职责的履行对经济系统的其他子系统所具有的功效。如果说，“会计职责”范畴反映的是会计活动本身的话，那么，“会计功能”范畴反映的则是会计活动对经济活动的作用。从信息运动的角度看，会计基本职责的履行过程就是会计信息的生成过程；会计基本功能的发挥过程则是会计信息的输出及其对决策、执行、检验等子系统的作用与影响的过程。对会计基本职能的认识，也就是对会计信息的生成过程和作用发挥过程的综合认识。

第一，会计的基本职责。

既然会计活动是人们为解决经济活动的预期目标与实际结果、

经济资源稀缺性与人的需要无限性的矛盾而进行的投入与产出及其关系的反映、计量、评价活动，那么，会计的基本职责便包括三方面内容：

一是进行经济资源投入的反映、计量与评价，包括进行资源投入成本的预计与资源配置结构的经济合理性分析，进行资源实际占用与消耗的记录、计量与分析，进行资源实际占用或消耗和资源计划占用或消耗的对比分析等。

二是进行经济活动结果的反映、计量与评价，包括进行经济活动预期成效的测算与预算方案的编制，进行经济活动实际结果的确认与计量，进行经济活动实际结果和预期结果的对比分析等。

三是进行投入与产出关系的反映、计量与评价，包括进行经济活动效率与效益的确认与计量，进行投资、负债、所有者权益、负税等经济利益关系的确认与计量等。

厘清会计的基本职责，对于将会计活动与其他部门的活动区别开来具有重要的意义。一个经济组织的机构设置与其职责分工并不是严格一一对应的，常有一个部门具有多种职能、一个岗位兼有多项职责的情形。在这种情形下，要想判断某部门或人员的业务性质，依据的只能是其被赋予的基本职责。若某部门的基本职责是进行经济资源的核算和对经济活动结果进行确认、计量与评价，那么，该部门便属于会计部门，履行该类职责的员工便属于会计人员。在古代欧洲，理发师常兼做外科手术，但这并不会妨碍人们对其理发师职业的认定，并不会因为他兼做手术，就认定他是外科医生，更不会因为他可以做手术，就认为做手术也是理发师的工作职责。

第二，会计的基本功能。

构成经济系统运行的决策、执行、检验等三大环节均离不开会计信息数据的支持，在会计系统与经济决策活动、计划方案实施活动、实践观念检验活动之间存在着川流不息的信息交换。具体说来，会计在决策阶段的基本功能，是通过提供有关资源投入成本预计、资源配置结构合理性分析、经济活动成效预测等信息，为经济活动预期目标的设定、计划与方案的编制与择优选择提供服务支持。

会计在执行阶段的基本功能，是通过提供有关资源的实际占用与消耗、经济活动实际结果的确认与计量、经济活动实际运行状态与预期运行状态的对比分析等信息，为实施对经济活动的调控提供服务支持。

会计在检验阶段的基本功能，是通过提供经济活动实际结果与预期结果对比分析等信息，为进行预期目标、计划、方案等实践观念的科学性、合理性、实操性的检验与评价提供服务支持。

概而言之，会计的基本功能就是为经济组织的经济决策、经济活动调控和经济实践观念的检验与评价提供信息服务支持。稻盛和夫先生有关会计在经济活动过程中的功能作用曾有一段极其生动的表述："如果把经营比喻为驾驶飞机，会计数据就相当于驾驶舱仪表上的数字，机长相当于经营者，仪表必须把时时刻刻变化着的飞机的高度、速度、姿势、方向正确及时地告诉机长。如果没有仪表，就不知道飞机所在的位置，就无法驾驶飞机。"①

第三，会计的派生职能。

会计的基本职能，是会计与生俱来的职能。如前所述，只要存在着经济活动，就存在着经济活动的预期目标与实际结果、经济资源的稀缺性与人的需要无限性的双重矛盾。只要存在着这双重矛盾，就会存在会计活动，就会存在会计的基本职能。然而，纵观会计的发展史，会计的职能并非止于基本职能，伴随着社会经济条件与需要的变化，在基本职能的基础上还派生出了保护财产安全、监督受托人履职情况和解脱受托责任等职能。

① 稻盛和夫［日］：《经营与会计》，东方出版社2015年版，第24页。

会计的保护财产安全的职能，是伴随私有制的产生而产生的。财产，从法律的角度看，是指金钱、财物及民事权利与义务的总和。从经济学的角度看，财产关系就是经济关系。在存在私有财产的情况下，财产无疑属于经济组织的会计核算对象。私人财产是私人会计的核算对象，法人财产是事业法人或企业法人会计的核算对象，国家财产是官厅会计或国家预算会计的核算对象。既然如此，会计对经济活动中的投入与产出及其关系的确认与计量，在私有制产生后，则表现为对经济组织财产物资的增减变动及其财务关系变化的确认与计量，并将有关财产物资增减变动的信息反馈给相关管理者或管理部门，从而使自身具有了保护经济组织或财产所有者的财产安全的作用。

会计监督受托人履职情况和解脱受托责任的职能则是财产所有权与管理权分离的产物。比如，一个财产所有权与管理权相分离的奴隶主庄园，庄园主作为财产管理的委托方，必然要求对受托人的履职情况实施监督，财产管理的受托方则必须向庄园主反馈履职情况以解脱财产管理责任。一个较大规模的企业，企业主不可能包揽企业的全部经营管理工作，当他把部分甚至全部经营管理工作、财产管理工作交给雇员承办时，同样需要监督雇员的履职情况，受托人也同样有必要向企业主反馈履职情况以解脱受托责任。建立在所有权与经营权分离基础之上的股份公司更是如此，投资人要求严密监督经营者的资本保值与增值职责的履行情况，经营者则必须向投资人报告企业资本保值、增值和保护法人财产安全等职责的履行情况以解脱受托责任。简言之，只要存在财产所有权与管理权的分离，就会存在委托和受托关系，就会产生监督受托人履职情况和解脱受托责任的需要。而无论是监督受托人履职情况，还是受托方解脱受托责任，无疑都离不开真实可靠的相关会计数据的支持。

正如美国会计史学家迈克尔·查特菲尔德所言：“私人财富的积累导致了受托责任会计的产生。这种会计不仅应保护物质财富的安全，而且应证明管理这些财产的人是否适当地履行了他们的职责。”① 迈克尔还从这一视角透视会计的发展史，指出：“较之公元前的任何国家，中国人早就将公共财政列入行政事务部门。在这里，会计主要用于评价政府计划的成功程度和官吏的工作效率。”②“财产权在古代社会显然存在，但是，通过征服和奴隶劳动而获得的财产通常用于非生产方面。这种资产的受托管理责任，会产生财产目录和收支计算书，但很少进行收益计量。”③ 其中的财产目录和收支计算书便是会计提供的，它既是对财政收支计划执行情况的确认，也是监督、考核官吏履职情况的依据，还是官吏证明其履职情况的凭据。

还需要指出的是，会计并不是独自发挥保护财产安全、监督受托人履职情况和解脱受托责任的功能作用的。会计要发挥上述功能作用，还有赖于一定的机制及与其他部门的结合。这就如同交通违规摄像头，提供的只是有关交通违规行为的信息，但要想威慑、制止交通违规行为，仅靠摄像头是远远不够的，还必须有交通法规和处理违规行为的交通警察。换言之，对交通违规行为的有效监督，并非摄像头一家之功，而是违规摄像信息系统、交通法规系统和交通法规执行系统相互结合、共同作用的结果。在整个监控系统中，会计发挥的就是摄像头的作用，其职责就是提供真实可靠的会计信息。为了增强会计信息的真实性、可靠性，防止会计人员与受托人发生串通行为，还逐渐形成了会计凭证审核、内部复核、业务牵制、财产清查、内外部审计、履职报告等一系列制度和相关执行系统。会计的保护财产安全、监督受托责任和解脱受托责任等功能作用的发挥，无疑就在于会计信息与这些要素的有机结合之中。

既然保护财产安全是会计发展到一定阶段的派生职能，而非会

---

① 迈克尔·查特菲尔德［美］:《会计思想史》，立信会计出版社 2017 年版，第 4 页。

② 迈克尔·查特菲尔德［美］:《会计思想史》，立信会计出版社 2017 年版，第 8 页。

③ 迈克尔·查特菲尔德［美］:《会计思想史》，立信会计出版社 2017 年版，第 15 页。

计与生俱来的基本职能，所以“会计源于保护私有财产的需要”的观点就是难以成立的。大量的史料表明，在人类开始种植活动后的相当长的历史时期内，既没有私有财产，也没有私有意识，却有会计活动。耶稣会传教士雅克布 · 比格特于 1750—1767 年在加利福尼亚的印第安人中间生活了达 17 年之久。据他观察，印第安人不担心会失去他所拥有的东西，不会想着如何增加自己拥有的物质财富，也不知道“我的”和“你的”两个词的含义。[①] 毋庸置疑，私有制特别是维护私有财产权益法规的面世的确对会计的发展起到了推波助澜的作用，然而，这并不意味着“保护私有财产安全的需要”是会计产生的根源。

第四，会计职能的实现机制。

1943 年，控制论奠基人维纳在《行为、目的和目的论》一书中指出：一切有目的的行为都可以看作需要负反馈的行为，具有负反馈机制。负反馈机制的原理是：确立系统目标，借助测量装置测量系统受干扰变量和系统目标值的差异，效应器再根据目标差异信息对受干扰变量进行调节，使系统变量回归目标值。

无论是会计的基本职能，还是会计的派生职能，都是通过负反馈机制实现的。会计系统就相当于经济组织的测量装置，决策子系统、调控子系统、检验子系统、财产安全保护子系统、监督子系统等则相当于经济组织的效应器。正是会计这一测量装置与经济组织各大效应器的有机结合才使经济活动得以合目的地进行。

英国生物学家艾什比将反馈归为两类：一类是根据反应结果做出调整后的目标的反馈；另一类是趋于某一确定目标的反馈。来自上一轮检验活动的会计辅助决策信息的反馈属于“根据反应结果做出调整后的目标的反馈”，其功能作用在于增强预期目标及规划、计划、方案的科学性、合理性、实操性；会计辅助调控信息的反馈

① 参见［美］斯塔夫里阿诺斯：《全球通史——从史前到 21 世纪》（上），北京大学出版社 2006 年版，第 16 页。

则属于“趋于某一确定目标的反馈”，其功能作用在于尽可能缩小经济活动的实际状态与预期状态、实际结果与预期结果的偏差。无论是上述何类反馈，其功能作用均在于实现经济活动中的认识与实践、预期目标与实际结果的统一。

4.3.3 关于会计本质的表述

基于上述有关会计主体、会计对象、会计基本职能的一般规定性分析，笔者将会计活动区别于其他活动的本质规定表述如下：会计通过对经济活动的投入与产出及其关系的反映、计量与评价，为经济组织的经济决策、经济活动调控和经济实践观念检验提供信息支持，具有经济信息服务活动与经济管理活动双重属性。这一表述内涵有以下四点：

第一，会计是物质生产活动内含的两大矛盾的产物。

在物质生产活动中内含着预期目标与实际结果、经济资源稀缺性与人的需要无限性两大矛盾。这两大矛盾不仅决定着会计的产生与发展，而且规定着会计的本质。只要存在着人类的物质生产活动，就会存在这两大矛盾及解决矛盾的需要，就会存在会计活动。

第二，会计是一个经济活动的投入与产出及其关系类信息的生产与供给系统。

经济组织或经济单位所从事的活动，除经济活动以外，还有政治活动、文化活动、行政活动等。政治类信息、文化类信息、行政类信息等均不在会计采集、处理、产出的信息之列。即便是与经济活动相关的信息，也并非全部是会计采集与处理的对象，其中经济活动所需的环境类信息通常由市场调研部门或规划部门采集与处理，经济活动所需的技术类信息通常由生产管理部门或技术部门采集与处理，反映经济活动总体水平类信息通常由统计部门采集与处理，反映业务状况类信息通常由相关业务部门采集与处理，只有经济活动投入与产出及其关系类信息才由会计部门采集与处理。鉴于此，仅仅指出会计是一个经济信息产出系统是不够的，更中肯的表述应该是“会计是一个经济活动的投入与产出及其关系类信息的生产与供给系统”。

第三，会计活动是经济管理活动不可或缺的组成部分。

既然会计是通过提供经济活动投入与产出及其关系类信息来为经济组织的经济决策、经济活动调控和经济实践观念检验活动服务的，那么，会计无疑属经济管理的范畴，具有经济管理的属性。尽管会计在大多数场合不是以决策者、调控者、检验者的身份直接进行经济管理活动的，而是以信息服务提供者的身份间接参与经济管理活动的，但也不能成为否认会计活动是经济管理活动的组成部分、会计系统是经济管理系统的子系统的理由。

第四，会计的一般规定性通过会计的特殊规定性表现出来。

会计的一般规定性是对存在于形形色色会计活动中共性的抽象，会计的特殊规定性则是会计一般规定性在不同社会经济形态、不同经济发展阶段的展开。会计的一般规定性存在于会计的特殊规定性之中，并通过会计特殊规定性表现出来。如果说，认识会计一般规定性是为了揭示会计的本质进而厘清会计活动与其他活动区别的话，那么，考察不同社会经济形态、不同经济发展阶段会计的特殊规定性，则在于探明会计发展与演变的过程，从而将处于不同社会经济形态、不同经济发展阶段的会计活动区别开来。

4.4　有关会计对象、会计职能若干观点的评述

4.4.1　有关“会计对象一般”若干观点的评述

如前所述，会计主体、会计对象、会计职能的一般规定性是会计的本质在不同侧面的体现，要想认识会计的本质，就必须认识会计主体、会计对象、会计职能的一般规定性。在上述一般规定性

中，对会计对象一般规定性的认识又是最为关键的，因为没有对会计对象的正确认识，就不可能获得对会计职能的正确认识，从而也就不可能获得对会计活动的正确理解。正因为如此，有关“会计对象一般”的界定问题，便成为会计学者辨析的重点。下面，笔者仅就其中的“劳动量论”“价值运动论”“经济活动论”“财富运动论”等观点做一评述。

4.4.1.1　对“劳动量论”的评述

陶世璞先生在《会计对象漫笔》一文中提出：“如果我们承认在自然经济社会中会计的职能本身仍然是一个客观存在的事实，那就应该认为，至少这时会计把这些实物量在观念上作为具有相同性这种社会性的劳动来看待、来记账的。这时账上记录的这些‘使用价值’，仅仅是劳动的物质外壳，只是一些使用价值的名称，实质是空间存在的社会劳动量。”[①] 也就是说，在陶先生看来，会计对象一般就是劳动量或劳动时间，账上记录的使用价值不过是劳动的物质外壳而已。

笔者认为，将“会计对象一般”界定为“劳动量或劳动时间”有其合理之处：人类特有的本质是劳动，离开了劳动就没有人化自然，也就无法维系人类的存在、繁衍与发展。作为形形色色、林林总总的庞大的使用价值集合的人化自然，归根结底是劳动的产物，是已经耗费的劳动量或劳动时间的累积。从这种意义上，无疑可将使用价值视作劳动的物质外壳，会计对使用价值的核算也就是对已经耗费的劳动量或劳动时间的核算。然而，这一界定也有需商榷之处。

第一，以偏概全的问题。

没有投入就没有产出，要核算产出就必须核算投入，构成投入的极其重要组成部分的“劳动量或劳动时间”无疑应包含在会计核

---

① 陶世璞：“会计对象漫笔”，《会计研究》，1984 年第 4 期。

算内容之中。然而，投入是为了产出，离开了产出，投入就没有意义。既然如此，“会计对象一般”就只能从投入与产出及其关系这一经济活动链条或经济活动系统的视角界定，而不能只是从“投入”这一环节界定。而且，将投入仅仅归结为“劳动量或劳动时间”也是存在片面性的。在后续的“会计核算内容的多样性”一节中笔者将指出：“只有那些投入经济活动且具有现实稀缺性的资源，才会成为会计核算的内容”。而投入经济活动且具有现实稀缺性的资源，不仅包括来自人类劳动所创造的人化自然的资源，也包括并非人类劳动产物的具有现实稀缺性的不可再生自然资源或可再生自然资源。后者虽然不是劳动产品，却取得了价值与价格的形式，成为市场交易的组成部分，为其所支付的代价同样需要清晰地记录在会计的账簿之中。概言之，将“会计对象一般”归结为“劳动量或劳动时间”，既未涵盖“产出”的核算内容，也未涵盖投入核算内容的全部，存在以偏概全之虞。

第二，使用价值核算的基础地位问题。

在实际的会计核算操作过程中，使用价值的核算始终是基础与前提。在决策环节，只有确定了所要生产的使用价值的种类与数量，才可能确定需要投入的劳动的种类与数量；在执行环节，只有掌握了使用价值的实际生产状况与进度，才可能对劳动者实际劳动的质与量做出客观描述，进而对劳动过程实施有效调控；在检验环节，只有凭借产出的使用价值的质与量，才可能对劳动的绩效做出准确评价。简言之，使用价值核算并不只是作为劳动的物质“外壳”进入会计核算之中的，还是作为会计核算的“基础与前提”进入会计核算之中的。

4.4.1.2　对“价值运动论”的评述

中国会计学界对会计对象是“价值运动”有两种不同的理解：一种理解认为，会计对象是“价值运动”是仅就商品经济而言的。这一观点已基本为中国会计学界所认可。另一种理解认为：“价值运动不仅仅是商品经济条件下的会计对象，也是任何社会形态下的会计对象，即是‘会计对象一般’。”[①] “价值是物化在产品中的社会必要劳动，并非商品经济所独有。”[②] 对后一种理解，笔者不敢苟同。下面，仅就价值“并非商品经济所独有”这一论据提出质疑。

第一，经济学的价值范畴是与商品经济相关联的历史范畴。

就一般的含义而言，价值即效用，价值判断即效用判断。世间的事物是多种多样的，不同种类的事物给予人们的效用或价值是不尽相同的。比如，机械设备给予人们的是工具效用或工具价值，能源给予人们的是动力效用或动力价值，艺术活动给予人们的是艺术效用或艺术价值，学术活动给予人们的是学术效用或学术价值，政治活动给予人们的是政治效用或政治价值，经济活动给予人们的是经济效用或经济价值等。这里谈及的“价值运动论”中的“价值”，显然是指经济学范畴的价值，而非其他学科范畴的“价值”。

按照马克思主义政治经济学的观点，作为经济学范畴的价值，有其产生的特定条件：这就是生产资料私有制和社会分工的出现。在实行社会分工与存在生产资料私有制的时期，私人产品不可能直接成为社会认可的使用价值，私人劳动也不可能直接成为社会劳动的组成部分。私人产品要想转化为社会使用价值，私人劳动要想成为社会认可的劳动，唯一的途经是进行商品交换。而进行商品交换便需要共同的基准，这一共同的基准便是凝结在商品中的社会必要劳动时间即商品的价值。也就是说，因为社会分工与生产资料私有制下的人们的劳动交换只有通过商品交换才能实现，所以社会必要劳动时间才有必要转化为价值，从而产生了价值范畴。

第二，自然经济形态下的社会必要劳动时间不表现为价值。

在马克思主义政治经济学中，“社会必要劳动时间”，或者是指

① 李孝林等：《会计基本理论比较研究》，科学技术文献出版社 1997 年版，第 52 页。
② 李孝林等：《会计基本理论比较研究》，科学技术文献出版社 1997 年版，第 50 页。

生产单位产品所耗费的社会平均劳动时间，或者是指生产社会所需要的总产品的劳动时间。不仅商品的生产有一个“社会必要劳动时间”的尺度，自给自足自然经济的产品生产也有一个“社会必要劳动时间”的尺度，这是商品生产与产品生产的共性。然而，与商品生产的“社会必要劳动时间”有必要转化为“价值”不同，由于自给自足自然经济体的产品是直接用于满足生产者自身及其家庭成员的需要，无须通过商品交换便可成为社会使用价值的组成部分，因而自然经济体的个别劳动也无须通过商品交换便可直接成为社会必要劳动的组成部分。简言之，在自然经济形态下，社会必要劳动时间不表现为价值，也就不存在所谓的价值运动。

第三，未来社会的社会必要劳动时间无须表现为价值。

不仅自然经济形态下产品的必要劳动时间无须表现为价值，而且未来社会产品的必要劳动时间也无须表现为价值。马克思设想未来社会存在一个自由人联合体：“他们用公共的生产资料进行劳动，并且自觉地把他们许多个人的劳动力当作一个社会劳动力来使用。在那里，鲁滨逊劳动的一切规定又重演了，不过不是在个人身上，而是在社会范围内重演……劳动时间的社会的有计划的分配，调节着各种劳动职能同各种需要的适当的比例。”① 可以想见，在这样一个生产资料私有制不复存在的自由人联合体中，劳动时间在各种产品生产上的分配是直接依据人们的需要和劳动生产率的状况来进行的，而无须借助价值运动或市场机制的作用。到那时，生产单位产品所必要的劳动时间只是作为一个经济指标用于衡量生产效率的高低和用作制定生产计划的依据。或许人们继续将其称作“价值”，但彼时的“价值”并非此时的“价值”，二者的内涵与外延已有根本的不同。

4.4.1.3　对“经济活动论”的评述

在国内的会计学教材中，不乏将“会计对象一般”界定为

① 马克思：《资本论》第一卷（上），人民出版社 1975 年版，第 95－96 页。

“经济活动”的表述。在笔者看来，该表述的合理之处在于有助于人们形成“会计核算活动贯穿于经济活动过程的始终”“经济活动规定着会计活动，会计活动反映并服务于经济活动”等认识。该表述的不足之处，则是对会计对象的界定过于模糊、过于宽泛。如若会计是以经济活动为反映对象，那么是对经济活动的全景式反映，还是从特定视角对经济活动的反映？是对经济活动总体水平的反映，还是对各类经济业务状况的反映，抑或对经济活动中的投入与产出及其关系的反映？会计为经济活动提供的是什么样的服务？是直接管理性服务，还是信息支持性服务？若是信息支持性服务，是技术信息服务，还是经济信息服务？是全方位经济信息服务，还是某类经济信息服务？诸如此类的问题，“经济活动论”均未给出明确的回答。也正因为如此，“经济活动论”未能揭示会计的特有本质，从而无法将会计活动与其他经济核算活动、其他经济管理活动、其他信息服务活动清晰地区分开来。

4.4.1.4　对“财富运动论”的评述

许义生先生在《论会计对象一般及其历史演变》一文中指出：“会计对象一般”就是财富及其运动，简称“财富及其运动论”。在进行“财富及其运动论”的阐述时，他着重强调了以下几点：一是作为“会计对象一般”的财富，是指能够满足人们生产、生活需要的各种“财物”；二是劳动产品是财富的主体，稀缺性自然资源，比如未开垦的土地，虽然没有劳动凝结其中，本身也不能直接满足人们的物质生活需要，但作为“财富之母”理应归入财富的范畴；三是财富不等于实体性财富，财富是实体性财富与非实体性财富的总和；四是不能仅从物质属性的视角去把握财富，而是要从物质属性与社会属性相统一的视角去把握财富；五是不能仅从静态的视角去把握财富，而是要从静态与动态相统一的视角去把握财富。

按照许义生先生的观点，“财富的运动”是财富数量的增减变动、职能转换、产权变动的统称。其中，财富数量的增减变动是指经济体财富的流入和流出，财富的流入或增加就是会计要素“收入”所反映的内容，财富的流出或减少就是会计要素“支出”或“费用”所反映的内容。财富职能的转换，是指财富功能作用的变化，比如，作为生产资料的谷物与作为生活资料的谷物之间的转换，货币资本向生产资本、生产资本向商品资本、商品资本向货币资本的转换。财富产权的变动，是指财富的所有权、支配权、占有权、使用权、受益权等权属关系的变动。①

在笔者看来，许义生先生所谈的“财富及其运动”与笔者所谈的“经济活动的投入与产出及其相互关系”并无实质性不同，只是前者侧重从经济活动的结果把握投入与产出及其关系，后者则侧重从经济活动过程的角度把握投入与产出及其关系罢了。

4.4.2　有关会计职能若干观点的评述

4.4.2.1　会计职责与会计功能辨析

中国会计学界将会计的“职能”大致归结为“反映”“核算”“监督”“控制”“分析”“预测”“决策”等。在此，笔者仅就上述种种是属“会计的职责”还是属“会计的功能”，是属“会计的基本功能”还是属“会计的派生功能”，谈一点自己的看法。

第一，“预测”“反映”“核算”“分析”是会计的职责，并非会计的功能。

会计的职责规定着会计的工作内容，会计的工作内容则是具体化的会计职责。会计职责不清必定导致会计工作内容不明，会计工作内容不明则意味着会计职责不清。这里的“预测”，是指对经济资源投入、经济活动耗费及经济活动结果的预测；这里的“反映”，是指对会计对象的反映；这里的“核算”，是指围绕着会计要素所进行的确认、计量、计算、汇总与会计报表的编制等工作；这里的

① 许义生：“论会计对象一般及其历史演变”，《中南财经大学学报》1989 年第 6 期。

“分析”，是指对计划、方案的经济合理性分析、对成本与费用的分析、对经济活动实际成效的分析等。预测也好，反映也好，核算也好，分析也好，都是会计工作的内容，均属会计职责的范畴。

第二，“监督”“控制”“决策”是会计的功能，并非会计的职责。

有的会计学者否认会计具有监督职能，其主要论据是：“从历史上看，会计没有监督职能，最初的会计，只是对经济活动进行简单的记录和计算。以后，随着生产的发展，会计作用越来越大，其职能并没有发生质的变化，变化的只是作用的深度和广度。”[①] 如果这里所谈的“监督职能”是指“监督职责”的话，那么，会计的确不具有这样的职责，因为会计是监督者履行监督职责所需信息的提供者，而非监督职责的直接履行者。如果这里所谈的“监督职能”是指“监督功能”的话，那么，在财产所有权与管理权分离这一特定的历史条件下，会计则具备这一功能，因为会计向监督者提供的相关信息服务无疑具有使监督活动得以实施、使监督效果得以提高的功效。所谓“会计具有监督职能”，实际上是说“会计具有监督功能”，而不是说“会计具有监督职责”。

上述道理同样适宜于对“控制”“决策”的辨析。先分析一下“控制”。会计产出的“目标偏离值信息”有两大去向：一是输出给决策子系统，决策子系统根据目标偏离值信息对原设的计划、方案做出修正，再由决策子系统向执行子系统发出计划、方案修正指令，执行子系统根据指令调整实施行为，使系统沿着预期的轨道运行；二是输出给执行子系统的管理者，执行子系统的管理者再向具体的执行者发出调节指令，具体执行者按照调节指令调整实施行为，使系统沿着预期的轨道运行。无论做上述何种处理，经济活动的调控者都是调控指令的发出者，而不是输出目标偏离值信息的会

---

① 宋小明：“对会计监督职能的疑义”，《会计通讯》1985 年第 9 期。

计。简言之，会计的工作职责是向行使调控权的管理者提供相关信息服务，而不是直接从事经济活动的调控。因为会计的相关信息服务使调控活动得以实施并使调控效果得以改善，所以会计尽管不承担“调控”的职责，却具有“调控”的功能。同样，会计的工作职责是为决策者的决策提供相关信息服务，而不是直接就经济事项（会计自身的业务事项除外）作出决策。因为会计的相关信息服务使决策活动得以实施并使决策效果得以改善，所以会计尽管不具有决策的职责，却具有决策的功能。

第三，“决策”“控制”是会计的基本功能，“监督”是会计的派生功能。

经由前面的分析，已经得出了“决策”“控制”“监督”均属会计功能的结论。而会计的功能又有基本功能与派生功能之分，那么，三者又属于何类功能呢？答案是显而易见的。因为“为决策提供相关信息服务”和“为调控提供相关信息服务”是会计的两大基本职责，所以会计由履行两大基本职责所发挥的“决策”与“控制”的功能无疑属于会计的基本功能。监督功能则因为是会计信息服务这一基本功能在财产所有权与管理权分离、委托代理关系产生的特定历史条件下的延伸，因而属于会计的派生功能。

4.4.2.2　有关马克思簿记论述的理解

马克思在《资本论》一书中指出：“资本作为它的循环中的统一体，作为处在过程中的价值，无论是在生产领域还是流通领域的两个阶段，首先只是以计算货币的形态，观念地存在于商品生产者或资本主义商品生产者的头脑中。这种活动是由包含商品的定价或计价（估价）在内的簿记来确定和控制的。”①

在笔者看来，上述论述包含了三层意思：一是处于生产领域（或过程）的生产资本和处于流通领域（或过程）的商品资本，在

① 马克思：《资本论》第 2 卷，人民出版社 1975 年版，151 页。

转化为现实的货币资本以前，都是以计算货币的形态存在着的；二是计算货币不是现实的货币，而是存在于商品生产者或资本主义商品生产者头脑之中的观念形态的货币，计算货币在簿记核算（也就是会计核算）中发挥着商品定价、计价（估价）的作用；三是商品生产者或资本主义商品生产者通过簿记（也就是会计）对资本运动进行确认、计量与控制。

马克思还指出，簿记就是“对过程的控制和观念总结。”其中的“过程”，就狭义而言，是指资本运动的过程；就广义而言，是指经济活动过程。若将马克思上述两大论述综合起来理解，无疑可以得出“簿记亦即会计具有‘核算’‘控制’‘观念总结’三大作用”的结论。

对于会计具有“核算”“控制”的作用，学界并无异议。争论的焦点在于对“观念总结”作用的解读。对马克思谈及的“观念总结”大致有三种认识：一是认为“观念总结”是指利用观念上的计量标准和尺度对经济活动进行客观、正确地反映，简称“反映论”；二是认为“观念总结”是指运用会计的专门方法对会计信息进行综合、整理与分析，简称“综合论”；三是认为“观念总结”是指对经济活动进行考核、评价，充分发挥会计信息的反馈作用。①

笔者认为，“反映论”与“综合论”的观点均难成立。如果“观念总结”是指对经济活动的反映的话，那么，逻辑思维极其缜密、语言表述极其严谨的马克思就不会将“观念总结”置于“控制”之后，而会将“观念总结”置于“控制”之前，因为“控制”是基于“反映”的控制，而不是相反。如果“观念总结”是指对会计信息的综合的话，因为“综合”只是一种相对“分析”的逻辑方法，那么，逻辑思维极其缜密、语言表述极其严谨的马克思就不会将作为会计方法的“观念总结”与作为会计功能的“核算”“控

① 李孝林等：《会计基本理论比较研究》，科学技术文献出版社 1997 年版，第 106 页。

制”并列。

笔者倾向于第三种观点。也就是说，马克思所谈的“观念总结”中的“观念”，应该是指作为检验对象的以计划、预算、方案等为载体的“经济实践观念”，而不是指观念形态的计算货币；马克思所谈的“观念总结”，应该是指在检验环节根据经济活动的实际结果对计划、预算、方案等“经济实践观念”的科学性、合理性、实操性所进行验证和评价，而不是指运用统一的货币尺度对会计信息所进行的综合、整理与分析。

第 5 章

会计核算内容及其变化

会计核算内容是会计对象的具体化，对会计核算内容变动的考察，也就是对会计对象变动的考察。本章旨在通过对不同经济形态、不同经济发展阶段的经济组织的会计核算内容的考察，探明会计对象的变动轨迹，揭示会计对象的演变规律，从而达到对会计对象认识的抽象与具体、逻辑与历史的统一。

5.1 会计核算对象的规定性

5.1.1 稀缺性资源才能成为会计核算对象

资源的投入是会计核算的对象之一。然而，并非投入经济活动的所有资源都是会计核算的对象，只有那些投入经济活动且具有稀缺性的资源，才是会计核算的对象。

投入经济活动的资源，有些是可以再生的，有些是不可再生的。不可再生的资源，即便相对现时人们的需要是充裕的，但相对世代绵延且不断增长的人类需要终究会转向稀缺。至于那些可再生的资源是否具有稀缺性，则要具体问题具体分析。比如，只要太阳上的热核反应在持续，地球上的光资源就是可再生的，然而这并不意味着地球上所有区域、所有时期的光资源都是充裕的，南极和北极就会因地球自转轴的倾斜而发生周期性的光资源稀缺。再比如，虽然空气和水资源是可再生的，但由于人类活动对空气、水所造成的污染超出大自然对空气、水的净化能力，干净的空气和水却正在变成一种稀缺性资源。根据经济学的原理，资源只有具有现实的稀缺性，才可能成为市场交易的对象，人们才会为获得它而支付代价，从而进入会计核算的范畴。那些不具有现实稀缺性因而可以无偿获得的资源，即便是进行经济活动的必要因素或条件，也不会成为会计核算的对象。

5.1.2　会计核算内容的多样性

无论是经济活动的投入，还是经济活动的产出，都是多种多样的。就投入要素的种类而言，有劳动的投入、劳动资料的投入、劳动对象的投入、技术的投入、信息的投入、能源的投入、管理的投入等；就投入要素的存在形态而言，有有形性投入，亦称实体性投入或硬投入，有无形性投入，亦称非实体性投入或软投入；就投入要素的载体而言，有货币性资产投入，有生产性资产投入，有商品性资产投入；就投入要素的来源而言，有私人的投入、有企业法人的投入，有社团法人的投入，有政府的投入。

就产出的种类而言，有农产品、工业产品、服务产品、技术产品、信息产品等；就产出的存在形态而言，有实体性产品，有虚拟性产品，有物质性产品，有精神性产品；就产出的链条而言，有半成品，有产成品，有中间产品，有最终产品。凡此种种，都是会计核算的对象。

作为会计核算对象的投入与产出关系的内容也是十分丰富的。无论是要素与要素的关系、产品与产品的关系，还是投入与产出的关系，都具有技术性与经济性双重属性。技术性关系，为自然规律所决定与支配，体现为功率、配比率、标准当量、转化率、权重系数等一系列技术参数。经济性关系，为经济规律所决定与支配，体现为价格、弹性、边际替代率、乘数、财务杠杆、效率、效益等一系列经济参数。上述种种并非都在会计核算之列。由会计部门采集、处理、提供的只是其中的经济性信息，技术性信息则由相关技术部门采集、处理与提供。社会生产与再生产的过程，不仅是物质资料的生产与再生产的过程，也是人与人的经济关系的生产与再生产的过程。作为生产资料所有制关系、交换关系、分配关系总和的经济关系及其变动，也在会计的确认与计量的范畴之列。

5.1.3　会计核算内容的阶段性

这里所谈的会计核算内容的阶段性，是指由经济实践活动的环节所决定的会计核算内容的阶段性，而不是指与会计期间假设相关联的会计核算分期。会计核算活动，不是只存在于经济活动过程的某个环节，而是贯穿于经济活动过程的所有环节。由于经济活动过程的不同环节承担着不同的任务，所以不同环节的会计核算内容也会存在差异。在决策环节，会计采集、处理、提供的是设定预期目标、编制计划与方案所需要的信息及进行择优决策所需要的信息；在执行环节，会计采集、处理、提供的是调控经济运行所需要的信息；在检验环节，会计采集、处理、提供的是进行预期目标、计划、方案等实践观念检验与评价所需要的信息。正是不同环节会计采集、处理、提供的信息种类不同，而使会计核算内容呈现出阶段性特点。

这里还需要阐明的是，作为决策环节会计核算重要内容的会计预算的问题，贯穿于决策环节的人们的观念活动过程，也就是从现实经济需要到经济目的生成，到经济目标确立，再到经济规划、计划、方案制订的过程。经济目标的确立则是构成这一过程的关键性环节。不同的实践活动目标有不同的载体或表达方式，比如，城乡建设目标通常以沙盘或规划蓝图来表达，生态环境优化目标通常以一系列参数来表达，社会改革目标通常以一系列指标来表达，经济目标则通常以预算方案来表达，比如国家的财政预算方案、企业的财务预算方案、投资中心的资本预算方案、利润中心的利润预算方案、成本中心的成本与费用预算方案等。会计是各经济组织的预算方案的编制者，预算则是决策环节的会计核算的重要方式与不可或缺的组成部分。会计核算内容的变化，不仅体现在事中与事后的账务处理、财务分析、财务报告等内容的变化之中，也体现在事前的会计预测内容、会计预算内容或预算制度的变化之中。

5.2 会计核算内容的变化

5.2.1 原始公社的会计核算内容

人类社会的早期，人们以采集渔猎为生，由于不存在物质生产活动及其内含的预期目标与实际结果、经济资源的稀缺性与人的需要的无限性的矛盾，也就不会发生核算经济资源和反映、计量、检验、评价经济活动结果的会计活动。然而，这并不意味着当时的人们不存在数量的意识及偶然的、简单的计量、计算行为。

郭道扬先生在《会计史研究——历史·现实·未来》一书中指出："他们通常以坚硬的石器为刻具，在石片、石子、骨片，以及树木躯干之上，或刻划出一排排单线条的浅纹道，或在树木或在木板上刻出若干重复的缺口，形成通常只有刻划者自己可以体会出来的或是代表着一定数量的标记，或是记载某项事物的标记。"① 由于当时尚未出现真正意义的物质生产活动，这种行为还不是对投入与产出及其关系进行反映与计量的会计行为。1879 年考古发现的阿尔塔米拉洞穴顶部的壁画，画有 15 头野牛、3 头野猪、3 只母

① 郭道扬：《会计史研究（第 1 卷）》，中国财政经济出版社 2004 年版，第 36 页。

鹿、2匹马和1只狼，表明当时的人类已经有数量观念。有人认为它是艺术的起源，“驯鹿时代的人们留给我们的是既奇妙而又忠实的动物绘画。”① 也有人将其视为原始巫术的反映：“模拟巫术或模仿巫术的起源，在拉斯科克斯洞穴壁画中有一个现成的模式。”②

旧石器时代的洞穴壁画的相继发现，不仅引起了人类学家、文化学者的关注，也引起了会计学者的关注。比如，文硕先生在《西方会计史》（上）一书中谈道：“最合理的解释是：旧石器时代的雕刻与绘画，就不是什么‘天意’和‘神授’，也不是仅仅出于无目的的‘游戏’和仅供‘娱乐’的一种发泄，而同时还具有一种更为严肃的目的，这就是：它们是一种‘魔法’，一种祈求狩猎丰收的‘仪式’，其中还有一些是原始人借以表达动物数量的作为图画文字前身的仅仅是帮助记忆的绘图文字。在那荒远的年代，原始人用它来记载劳动耗费，也用它来反映劳动成果。”③

笔者认为，这一时期的以狩猎对象为主题的洞穴壁画的含义可能是多方面的，它既可能是当时人们的一种巫术行为，也可能是人们狩猎活动如愿以偿的愉悦心情的艺术表达，还可能是一种绘画文字和用这种文字对狩猎成果的一种记录。当时的真实情形已无从考证，但即便它是对狩猎成果的记录，充其量也只是一种对狩猎活动的记录行为，而不是一种会计核算行为。

新石器时代，人类踏上了从采集渔猎者向动植物生产者转变的旅程。到原始社会后期，人类已跨入农业社会的门槛。旧石器时代的妇女在采集野生植物的过程中，通过长期的观察、摸索，逐渐认识到某些植物的生长规律，掌握了某些植物的种植方法。于是，种植活动便逐渐取代采集活动，成为人们物质生活资料的主要来源。除谷物生产外，还有豆类植物的种植和果树的栽培。伴随“火”的

---

① 引自李春泰：《文化方法论导论》，武汉出版社1996年版，第36页。

② 引自李春泰：《文化方法论导论》，武汉出版社1996年版，第35页。

③ 文硕：《西方会计史（上）》，中国商业出版社1987年版，第1页。

利用，有了陶器的生产，学会了织布、榨油和酿酒，以自给自足为目的的种植业、畜牧业、手工业均得到一定的发展。每个原始公社都是一个自给自足的自然经济体，土地由公社成员共同耕种，产品用于满足内部成员自身的需要，公社内部的劳动分工趋于多样，产品分配关系和分配活动也趋于复杂。马克思在《资本论》一书中曾谈到残存于 19 世纪印度的原始公社："在印度的不同地区存在着不同的公社形式。形式最简单的公社共同耕种土地，把土地的产品分配给公社成员，而每个家庭则从事纺纱织布等等，作为家庭副业。"① "除了这些从事同类劳动的群众之外，我们还可以看到一个'首领'，他兼任法官、警官和税吏；一个记账员，登记农业账目，登记和记录与此相关的一切事项；一个官吏，捕缉罪犯，保护外来旅客并把他们从一个村庄护送到另一村庄；一个边防人员，守卫公社边界防止邻近公社入侵；一个管水员，从公共蓄水池中分配灌溉用水；一个婆罗门，司理宗教仪式；一个教员，在沙土上教公社儿童写字读书；一个专管历法，以占星家的资格确定播种、收割的时间以及对各种农活有利和不利的时间；一个铁匠和一个木工，制造和修理全部农具；一个陶工，为全村制造器皿；一个理发师，一个洗衣匠，一个银匠，有时还可以看到一个诗人，他在有些公社里代替银匠，在另外一些公社里代替教员。"②

在采集渔猎阶段，人们只要进行简单的计量、计算就可以满足物质生活管理的需要。而对于以农业维生的人们来说，简单的计量与计算显然是不够用的。为了保持生产、生活的稳定性与持续性，人们必须对生产、生活进行筹划，进行事先的安排；必须掌握生产过程及其产出的情况；必须根据生产的实际结果对事先安排的生产、生活的计划进行调整；必须将实际生产和结余的物品在生产和生活之间以及在各公社成员之间进行分配；必须掌握库存的情况和

① 马克思：《资本论第 1 卷（上）》，人民出版社 1975 年版，第 396 页。
② 马克思：《资本论（上）》第 1 卷，人民出版社 1975 年版，第 396 页。

控制生产、生活的耗费。凡此种种，均需要经常性的经济事项记录与经济核算行为。当人类的偶然的简单的计量、计算行为发展到对物质生产过程中的资源投入与产出的情况进行经常性的计量、计算与记录行为时，人类的会计活动便产生了。

5.2.2 奴隶社会的会计核算内容

原始社会后期，社会生产力的提高和社会分工的发生带来了三大变化：

一是氏族公社的产品种类逐步增多，产品的数量逐渐增加，在用于满足氏族成员基本生活需要之后有了剩余，氏族首领凭借自身的地位和掌控的权力，开始把某些公共物品据为己有。

二是原来需要由氏族成员集体进行的某些生产活动转而由家庭为单位来承担，土地等基本生产资料的原始公有制开始被家庭私有制取代。

三是战俘用于生产已变得有利可图，他们不再被屠杀而转变为奴隶，战胜者所占领的大片土地也通过奖励、赏赐等方式转到了贵族的手中，这便是奴隶社会的起源。

在奴隶社会，土地以国有的名义被国王所占用并赐予各诸侯、贵族。国家的经济命脉掌握在以国王为首的奴隶主手中，国王是最大的奴隶主，是奴隶主阶级利益的总代表。奴隶主庄园是奴隶社会的基本经济单位，为满足奴隶主家庭的需要而从事各种物品的生产。比如，西欧的奴隶主庄园，一般拥有众多的农奴，农奴的劳作被细分为种地、牧畜、纺织、缝纫、酿酒、制革、铁匠、木匠、石匠等诸多工种。为了安排生产与生活，必须掌握庄园各种物品的生产、分配、消费和储备情况，庄园各种财产的增减变化及结存情况便成为奴隶主庄园会计的主要核算内容。这从文硕先生的《西方会计史》中有关公元前 3 世纪左右的芝诺账册的陈述中可见一斑："芝诺是财政大臣阿波罗尼奥斯在法尤姆地区的腓拉德尔菲亚大农庄的私人财产的管理人，由他负责田庄各部门（葡萄园、农场、谷仓、家畜、家计和行政单位等）的经济业务，并定期向阿波罗尼奥斯汇报庄园的经营情况。根据芝诺账册可知，腓拉德尔菲亚大农庄已有会计部门的设置，并配备了若干名财务人员和会计人员来负责农庄会计的全面核算。他们的主要业务是：主管每项财产的收支记录，并将所有的记录按不同项目汇总，在经芝诺或他的助手承认后，再装订成册，分类保管。”①

因为奴隶被奴隶主视作会说话的工具，是奴隶主的私有财产，所以奴隶的买卖、转让、赠予、死亡也是奴隶主庄园会计的核算内容之一，且其数量如同牛马是按“头”计量的。② 美国历史学家斯塔夫里阿诺斯在《全球通史——从史前到 21 世纪》一书中谈道：公元前 3000 年前的美索不达米亚人“经营地产时需要记账，如从佃耕的农人那里收到的地租、牧群的头数、牲畜所需的饲料的量、下次播种所需的种子的量，以及关于灌溉设施和灌溉计划的一切细节，都得上账或记录。管理事项和账目，是用削成三角尖头的芦苇秆当笔，刻写在泥板上；然后将泥板烘干，以便于保存。这种最早的文字形式被称为楔形文字，它显然是经营管理的一种工具，而不是为了智力游戏或文学活动才发明的”③。

在奴隶社会，不仅存在着奴隶主庄园会计，而且因为国家机器的运转须臾离不开国家财政收支活动的支持，为了核算与监督国家财政收支活动，自然也就产生了官厅会计。据史料记载，自国家产生以来，官厅会计都要定期结算财政收支，编制会计报告并向最高统治者汇报和接受最高统治者的检查。奴隶制国家官厅会计的核算对象就是奴隶制国家的财政收支情况。奴隶制国家的财政收入主要

---

① 文硕：《西方会计史（上）》，中国商业出版社 1987 年版，第 70 页。

② 文硕：《西方会计史（上）》，中国商业出版社 1987 年版，第 26 页。

③［美］斯塔夫里阿诺斯：《全球通史——从史前到 21 世纪（上）》，北京大学出版社 2006 年版，第 59 页。

包括：国王与王室的土地收入；被征服的民族、部落和国家的贡物收入及战争的掠夺收入；向农民、手工业者和工商业者等自由民征收的捐税收入。奴隶制国家的财政支出主要包括：王室支出，即满足国王及王室成员生活和享乐的支出；祭祀支出，即国王用以祭祀神灵、天地、祖宗等活动发生的支出；军事支出，即用于军队给养、战争消耗的支出；俸禄支出，即用于发放官吏俸给的支出；生产性支出，即用于发展农业、治理水患和兴修水利工程等的支出。

各奴隶制国家的财富分配方式不同，具体的财政收支项目与内容也会有所不同。如我国西周时期实行“分田制禄”制度，按官职官爵配给土地及臣民，官员据此获得收入，国家不支付俸禄。再如，我国商代实行井田制，国家战事用兵以“井”为单位征调，被征调者要自备战马、兵器与粮秣，因战事所需物资均由被征调者负担，国家财政支出中自然也就没有军事支出项目。

还要指出的是，由于奴隶社会商品经济不发达，虽然某些税赋项目规定课征货币，但货币形态的财政收支所占比重并不大，财政收支的主要形式是各种实物和劳役。

5.2.3　封建社会的会计核算内容

奴隶社会后期，由于奴隶制生产关系严重束缚了社会生产力的发展，奴隶制经济开始衰落。奴隶的逃亡与起义，加速了社会经济关系的变革，奴隶制经济关系被封建制经济关系所取代。

在封建社会，土地仍然是最重要的生产资料。中世纪的欧洲，国王是全国土地的最高所有者，国王以“封地”的形式将土地分配给公爵、伯爵、大主教、修道院院长等大封建主，大封建主再将土地分封给子爵、男爵，骑士则从男爵手中获得封地。封地获得者从事土地等经济资源的经营活动，形成庄园经济，以满足自身与家庭的各种物质需要。为了便于管理，大庄园往往下设若干次级庄园，大庄园由庄园管理员来管理，次级庄园由管家来管理。为了满足管理者管理庄园经济及向庄园主汇报庄园的经济状况、财产情况的需要，庄园会计要进行庄园财产物资的增减变化及结存情况的核算。

具体的核算内容，比如，法兰克国王查理公元 812 年颁布的《庄园敕令》的第 28 条即有关款项收入核算及款项呈交的规定："在朕知道本年度朕收入总额账册后，把经营所得的款项送到。"第 44 条即有关肉食以外的食品及其他细小产品的核算及缴纳的规定："每年必将全部产品的三分之二缴纳给我，以备应用。并将其余数目向我呈报，不得像以前那样疏忽；因为我要知道，除了三分之二以外，还剩下多少。"第 55 条要求对各物品要依国王所用、管理人自用及结存情况分别核算和呈报："兹希望：管理人应把一切为朕的需要而拨给、用去和提出的东西，记入一本账册内，把一切自己用去的东西，记入另一本账册内，并把剩余的东西，记入另一本特种账册内，向朕呈报。"第 62 条命令每个管理员每年必须将庄园的收入报告给国王。报告的项目包括耕夫和佃农耕种的土地及荒地情况，得自磨坊、森林、田地等财产收益及罚款，承担纳税义务的人数，柴草、木材、蔬菜、谷物、果品、油、酒、禽、蛋，各种工匠数目、矿场、牲畜等。并要求"以上项目，务须在圣诞节前，分类列账，井井有条地报告给我，使我可以知道各种财产的数目。"①

可见，欧洲中世纪庄园的记账员既要分类记录庄园的各项财产物品的收入、使用、消耗和结存情况，也要进行有关土地耕种、森林、矿山等资源开发和纳税人数及工匠数目等经济统计工作。因为封建庄园仍属自给自足的自然经济体，货币形态的收支业务范围不大，所以记账员主要核算的仍是各项财产、物品的实物量及其变动。

在封建社会的中国，皇帝是最大的地主，是地主阶级利益的总代表。中国的地主经济不同于欧洲国家的庄园经济。欧洲国家的庄

① 文硕：《西方会计史（上）》，中国商业出版社 1987 年版，第 108 - 109 页。

园从事土地经营活动，既是生产单位，又是消费单位。中国的地主一般不经营自己的土地，不从事物质产品的生产活动，他们把土地出租给佃农，通过向佃农收取地租获得收入。从这种意义上说，中国的地主经济是消费性经济，而不是生产性经济。地主家庭的经济活动大量表现为收缴地租的活动、部分消费品与奢侈品交换的活动和生活性消费活动，这些经济活动所引起的财产物资的变动情况就是地主家庭会计的基本核算内容。实物地租是中国封建社会主要的地租形式。与中世纪欧洲庄园会计相类似，地主家庭会计主要核算的也是各种财产、物品的实物量及其变动。

在中国的封建社会，从事物质生产活动的主要是租种地主土地的佃农和拥有小块土地从事个体生产的自耕农。自耕农和佃农所支撑的小农经济，是当时农产品和手工业品的主要供给者。农民家庭不但要生产自身所需的农产品、畜禽产品和大部分手工业品，而且要以自己所生产的产品缴纳地租或赋税和换回自己不能生产但必需的生产资料及生活用品，如铁制农具、陶器、食盐等。为了使生产与生活正常、有序、持续地进行，农民家庭必须进行生活与生产需求预测，根据需求安排生产资料与劳动力，掌握产品的实际产出情况，对生产耗费与生活消费进行必要的调节与控制。简言之，小农经济也需要管理，需要核算，需要掌控自己的财物。然而，由于小农经济规模狭小，经济活动单调重复，所以必要的核算活动由一家之主兼顾便可，无须另设专人处理。

在封建社会，服务于国家财政管理的官厅会计同样扮演着重要角色。尽管封建社会官厅会计的核算对象仍然是国家财政收支结果，但由于经济活动或经济关系的变化，其核算内容与前述的奴隶社会官厅会计已有所不同。比如，中国封建国家的财政收入主要包括：官产收入，即国有土地地租、官办工场产品等收入；赋税收入，即田赋和各种捐税收入；专卖收入，即盐、铁、茶、烟、酒等专卖物资的收入；特权收入，即向采矿者、渔猎者、采伐者等收取的特许费用；工商杂税收入，即工商业者交纳的财产税、车船所有者缴纳的车船税等。财政支出主要包括：国家机构支出，即政府部门的行政费用及其人员的俸禄支出；军事支出，即用于军事物资与部队给养的支出；文化、教育、宗教支出，即国家用于文化教育事业与祭祀活动的支出；公共工程支出，即水利工程、道路建设等支出；社会保障与抚恤支出，即用于扶持农业生产、灾荒救济及抚恤费用等支出。我国清朝后期，因封建政治经济制度凋敝，统治阶级腐败，加之国外列强的侵略与凌辱，政府财政收不敷支，只能靠借债度日，故债务收入、债务支出与赔偿支出也就成为晚清政府特有的财政收支项目。

5.2.4　资本主义社会的会计核算内容

资本主义企业，是建立在生产资料资本主义私有制基础上的大商品经济。与小商品经济不同，其生产经营的目的不是为了通过交换获得自身及其家庭所需的使用价值，而是要获得剩余价值即实现资本的增殖。要获得剩余价值，就要投资。剩余价值产生于生产过程，实现于流通过程，再通过分配确定各个投资人享有的剩余价值部分。这样，包括资本的投入、生产资料的储备、生产过程的资本垫付、销售过程商品价值的实现及利润的确认与分配等在内的整个价值与价值增殖运动过程，就成为资本主义企业会计的核算内容。简言之，资本主义企业的核算对象就是企业的资本运动过程及其结果。

1862 年，英国颁布的公司法规定：股份公司要定期编报资产、负债以及经营情况表报送股东大会。西方国家将企业会计的核算内容按经济性质划分为若干会计要素。比如，美国财务会计准则委员会（FASB）1985 年发布的第 6 号概念公告《财务报表要素》中明确列示资产、负债、权益（或净资产）、业主投资、业主派得、营业收入、费用、利得、损失和综合收益等 10 项为会计要素。前 5

项反映的是企业某一时点的财务状况，后5项反映的是企业某一时期的经营绩效。会计要素既是企业设置账户、组织会计核算的依据，也是构成企业财务会计报表的项目。

5.2.5 社会主义社会的会计核算内容

虽然国内的会计学界将我国经济体制改革前后国有企业会计对象均界定为企业的资金运动，但具体到核算内容，却有显著不同。

在高度集权的计划体制下，国有企业按照国家下达的计划组织产品的生产或进行购销活动，不具有独立商品生产者的地位：国家按核定的资金额度给企业拨款，企业按国家规定的资金用途使用资金，专款专用，不得挪作他用；产品价格由国家确定，产品销售渠道由国家安排；利润上缴国家，亏损由国家弥补；固定资产折旧按国家规定计提，折旧基金上缴国家统一调配使用；固定资产更新与增置由国家决定，固定资产更新与增置所需资金由国家下拨更新改造基金或基本建设基金解决，企业没有简单再生产的权力，更没有扩大再生产的权力。在这种经济体制下，国家对国有企业管理的重点，是企业是否按规定取得资金和使用资金，是否完成了国家下达的生产经营计划和成本降低计划。为了满足国家对国有企业资金与成本管理的需要，“资金来源”“资金占用”“收入”“成本（费用）”和“利润”，便成为国有企业会计核算与监督的主要内容。

1978年12月召开的中共十一届三中全会，拉开了经济体制改革的序幕，国有企业逐渐成为自主经营、自负盈亏的独立商品生产者。国务院在《关于深化企业改革增强企业活力的若干规定》中提出：全民所有制小型企业可积极试行租赁、承包经营；全民所有制大中型企业实行多种形式的经营责任制；各地可选择少数有条件的全民所有制大中型企业进行股份制试点。与此同时，公有制一统天下的格局被打破，外资企业相继出现，民营企业纷纷诞生。与计划经济体制相匹配的会计制度已不适应转化为独立商品生产者的国有企业和新生的外资企业、民营企业经营管理的需要。

为了适应市场经济体制下的企业经营管理的需要，中国迈开了会计制度改革的步伐。1980 年公布了修订后的《国营工业企业会计制度》。1985 年出台了《中外合资经营企业会计制度》。1992 年公布了《外商投资企业会计制度》，并发布了《企业会计准则——基本准则》《企业财务通则》及分行业的会计制度和财务制度，简称“两则两制”。“两则两制”的发布与实施，标志着中国的财务会计制度基本实现了从计划经济模式向社会主义市场经济模式的转变，标志着中国会计制度与西方市场经济国家会计制度的趋同。

2006 年公布了修订后的《企业会计准则——基本准则》和 38 项具体准则，其后陆续发布了《企业会计准则——应用指南》和相关解释公告。新的企业会计准则体系自 2007 年 1 月 1 日起在上市公司范围内施行，并逐步扩大到国有大中型企业和其他类型企业。

至此，中国企业会计制度改革历经 30 年，已建立起与社会主义市场经济发展相适应、与国际财务报告准则趋同、涵盖各类企业的各种经济业务，可独立实施的企业会计准则体系。按照新企业会计准则的规定，企业会计核算的主要内容由资产、负债、所有者权益（或业主权益、股本）、收入、费用和利润等六项要素构成，与西方市场经济国家及国际会计准则规定的会计核算内容基本相同。

或许有人认为，中国国有企业会计核算的主要内容，在经济体制改革之前被界定为资金来源、资金占用、收入、成本（费用）和利润，在经济体制改革之后则被界定为资产、负债、所有者权益（或业主权益、股本）、收入、费用和利润，二者只是称谓的不同，并无实质性差别。实际上，前者是与计划经济体制相关的经济范畴，反映的是计划经济体制下的经济关系；后者则是与市场经济体制相关的经济范畴，反映的是市场经济体制下的经济关系，二者具有完全不同的内涵与外延。

5.3 会计预算内容的变化

5.3.1 国家预算内容的变化

《孟子·滕文公上》对中国夏、商、西周三代的田赋制度做了记载。夏代，实行“贡”法：土地国有，每50亩地作为一个纳税单位，授予一夫耕种，1/10的收成即5亩土地上的收获物交缴国家。商代实行“助”法：将630亩土地均分成方田9块，形成一个“井”字，故称井田制；周围8块分由8个农夫耕种，收成归农夫；中间1块由8个农夫共同耕种，收成归国家。西周时实行“彻”法：将900亩土地均分成方田9块，每夫授田1块，按实际收成纳税；耕地距京城近者税率略高，远者税率略低，平均税率约为实际收成的1/10。西周的井田制与商代的井田制已有所不同：一是每夫授田面积由70亩增至100亩；二是税赋由劳役形式改为实物形式。

无论夏、商、西周的田赋制度如何变化，其田赋制度本身就具有预测土地税收的功能，国家只要掌握了耕地的数量，就可以测算田赋收入亦即要达成的田赋收入目标，依据这一目标，便可监控相关官吏的履职情况。“量入为出”“专税专用”等理财原则出自周代。“量入为出”“专税专用”，既是预算安排遵循的原则，也是预算执行遵守的规则。

秦汉时期产生了上计制度。上计制度被视为财政预算、决算制度的开端。依据上计制度，各诸侯国及中央各部门应将下一年的土地开垦、赋税收支等预算数写在木质的“券”上，呈交天子。天子将“券”剖为左右两部分，右面天子留存，左面退给下臣。年终，下臣呈报“计书”。

封建社会的国家财政收入主要来源于土地和劳役，国家要预测、掌控财政收支情况就必须掌握国家的耕地和人口情况。比如，唐朝就建立了严格的户籍制度和预算制度。其户籍制度规定 3 年一造户籍，户籍的前一部分为家庭人口情况，后一部分为家庭土地情况。到唐高祖武德六年，则下令一年编一次预算，预算由下至上，最后汇总编成全国预算。唐代前期征收地税和户税，地税以私有土地为征收对象，每亩计征 2 升稻谷。户税以户为纳税对象，按财产情况将全国各户分为官员户与民户两类，民户又分为九级，每级按规定交纳一定数量的纹银。在这种税制下，耕地与人口的统计工作无疑是国家财政预算制定和预算执行监控的基础性工作，离开了耕地与人口的统计工作，国家预算、预算执行与监管工作便寸步难行。也正因为如此，历代王朝出于国家预算管理的需要，无不重视耕地与人口的统计。

民国时期，国家预算开始步入法制的轨道：1914 年公布的《会计条例》中对预算制度作了进一步规定；1931 年国民政府公布了《预算章程》；1932 年国民政府颁布了《预算法》，对预算制度作了修订。抗战时期，面对粮食缺乏和通货膨胀，加之抗战所需，1941 年 5 月，国民党五届八中全会正式决定实行田赋征实；6 月，第三次全国赋税会议出台了《田赋征收实物原则》，其核心内容是中央接管各省田赋，田赋由征收法币改为征收实物，对税法和财政预算体制也都进行了调整。

新中国成立后，中国财政预算体制的演变大致经历了以下过程：1949 年 12 月，中央人民政府通过了年度财政收支概算和发行人民胜利折实公债的决定，这是新中国的第一个国家预算。1950 年至 1952 年，为了及时有效地解决新中国面临的财政困难，实行的是统收统支的财政预算管理体制。1953 年至 1978 年，实行的是统一领导、分级管理的财政预算管理体制。其中“一五”时期，实施的是侧重集中的划分收支、分类分成、分级管理的财政预算管理体制，财权主要集中在中央；“大跃进”时期，探索适合国情的财权下放的财政预算管理体制；60 年代经济调整时期，实行财权适度集中的预算管理体制；“文化大革命”期间，先后实行“收支挂钩，总额分成”“收入上交中央，支出中央拨付”“收支包干”等财政预算管理体制。

中国经济体制改革的成就必然通过国家财政收支的变化折射到国家预算会计的核算内容中。进行经济体制改革之前，中国排斥商品经济，排斥市场的作用，政府包揽一切，成为全能型政府，财政收入主要来源于国营企业的税金、利润及折旧基金，财政支出不仅包括用于政府职能发挥与公共产品供给的支出，还包括用于国有企业简单再生产与扩大再生产的支出。经济体制改革后，确立了以公有制为主体、多种所有制经济共同发展的社会主义初级阶段的经济制度和社会主义市场经济体制，政府转变职能，简政放权，市场机制成为调节社会经济运行的基础，国有企业成为独立的商品生产者。在这种新经济体制下，国有企业的折旧基金不再上缴，由企业自主支配；个人收入不再限于劳动所得，国家设置个人所得税等税种对个人收入实施再分配；国家财政收入主要来自流转税、企业所得税、个人所得税和中央政府、地方政府的举债收入；国家财政支出用于生产性基本建设的比重下降，用于社会保障、环境保护、转移性支付、公共产品供给、债务支出、经济调控等的比重增加。

中国现行的预算体系是2014年8月31日第十二届全国人民代表大会常务委员会第十次会议通过修改的《预算法》所确定的。该《预算法》第5条规定：“预算包括一般公共预算、政府性基金预算、国有资本经营预算、社会保障基金预算。”在该预算体系中，一般公共预算居于主体地位。从2018年1月1日起，进行政府支出经济分类科目改革，在完善现有的部门预算支出经济分类科目的基础上，增设了一套“政府预算支出经济分类科目”，两类科目并行。增设的科目主要用于政府预算的编制、执行、公开和总预算会计的核算。

对于财政预算，西方国家也都十分重视。罗马帝国的奥古斯都皇帝曾对国库的设置进行了全面改组。“在他的改革中，最重要的是为了调整帝国的财政活动，进行了年度预算，并量入为出，根据支付能力适当地决定征税额的比例。”①

18 世纪，英国议会要求国王制定年度支出预算。财政大臣在各财政年度年初要向议会提交上年度政府支出的会计报告、下年度政府支出的概算和为满足资金需要而征税的建议。法国政府则模仿英国政府的做法，每年要向国民议会递交年度预算议案。

美国于 1789 年 9 月 2 日建立了财政部，亚历山大·汉密尔顿成为第一任财政部长。财政部长负责编制和报告政府的收入和支出概算书。19 世纪 90 年代，美国许多大城市的行政机关都感到有必要建立预算制度，其后 30 年间几乎所有美国市政机关都确立了预算制度。1910 年至 1920 年，美国 44 个州相继出台了预算法。

还要指出的是，在自由竞争资本主义阶段，社会经济的运行主要由市场这只“看不见的手”来调节，政府更多的是充当“守夜人”的角色，致力于法律制度、产权保护、维护社会基本秩序等基础性公共产品的提供。过渡到垄断资本主义之后，由于社会内在矛盾的深化和“市场失灵”等因素作用的加强，西方国家于 20 世纪 30 年代爆发了空前严重的经济危机。西方各国政府为走出危机，摆脱困境，解决市场失灵问题，转而奉行凯恩斯主义，纷纷加强了对经济及社会事务的直接干预，从而引起了调节个人收入的税收收入比重加大、社会福利保障性支出比重加大、债务增加、赤字预算普遍化等国家财政收支结构的变化，进而导致国家预算会计核算内容的一系列变化。

5.3.2　民间预算内容的变化

英国中世纪的庄园通常委任具有正式官职的人和各分区的首领

---

①　迈克尔·查德菲尔德［美］：《会计思想史》，立信会计出版社 2017 年版，第 12 页。

担任监事人和管家，监事人为庄园的大总管，管家为各个区域的管理人。监事人为保障生产、生活有序进行，必须做好需求预测工作。迈克尔·查特菲尔德在《会计思想史》一书中谈道：“庄园的监视人与公司的总经理一样，期望利用会计资料对庄园各项活动加以控制，并规划未来。”庄园的监视人“经常提前一年估算食品、燃料、布匹和其他物品的需要量，并根据估算的需要量来确定向管家交付现金的日期”①。

欧洲中世纪末期，航海贸易兴起。航海贸易可以带来大量的金钱，同时也要承受巨大的投资风险。当时出现的康美达合伙组织，在对合伙人的权责利进行相对合理安排的同时，还要进行航海贸易收益的预算。具体来说，就是航海贸易预期总收入扣除航海费用、海员劳务费用、航海人的报酬与归还出资人本金的剩余部分即出资人应享有的利润。通过这种预算使出资人形成合理的收益预期，以吸引大量的投资者。

现代企业预算管理制度，发端于 20 世纪 20 年代美国的通用电气、杜邦、通用汽车等公司，现已发展成为集企业业务预算、财务预算于一体，包括弹性预算、零基预算、滚动预算等多种预算形式，涵盖规划、控制、沟通、协调、激励等多种功能的庞大的体系。全面预算管理在西方发达国家已得到普遍的认同，并为大型企业广泛采用。

日本企业在预算管理方面独树一帜，形成了具有独特经营理念与技术方法的“目标管理”。2010 年，日本航空申请破产保护，应日本政府邀请，享有盛名的 78 岁高龄企业家稻盛和夫出任日航董事长，是年便创造了日航史无前例的 1580 亿日元的巨额利润。稻盛和夫极其重视企业的计划和预算工作，他在《稻盛和夫的实学：经营与会计》一书中谈道：“在企业经营中，我把‘预定’和实绩

① 迈克尔·查特菲尔德［美］：《会计思想史》，立信会计出版社 2017 年版，第 27 页。

数字看得同样重要。不，我甚至认为‘预定’比实绩更重要。‘预定’就是‘目标’它体现经营者的意志，它是描画自己想要亲手做成的新事物。”[①] 他指出：“制定目标，这是企业经营中非常重要的一个环节。只要是在努力经营企业的人，一定会为这个问题而烦恼。不管什么企业，这都是永恒的课题。”[②] 他所创立的经营管理模式“阿米巴”，既是一个经营单位，又是一个核算单位，还是一个经济责任单位。“在阿米巴经营中，各阿米巴自己负责编制的月度预定和年度总计划起着重要的作用。阿米巴经营的本质，就在于阿米巴全体成员都能时时刻刻把握自己现在的状态，为达到计划中设定的目标，即时地、接二连三地采取必要的行动。为此，阿米巴必须把自己事先制定的年度总计划和月度计划中的‘预定核算数字’定为自己明确的目标，针对这目标，实际如何，必须能够随时地认知。为达此目的，单位时间效益核算表采用了可以将当月的预定和年度总计划与实绩相对比的十分简单的式样。”[③]

中国进行经济体制改革之前，如前所述，实行的是高度集权的计划经济体制。在计划经济体制下，国有企业根据国家下达的目标任务编制生产计划、基本建设计划、物质调拨计划、财务计划等，企业计划建立在国家计划基础之上，是国家计划的组成部分。进行经济体制改革之后，原有的国家指令性计划管理体制已不适应企业经营管理的要求，以市场为导向、以市场预测和决策为依据的全面预算管理体制势在必行。2000 年以来，中国有关政府部门相续颁发了一系列文件，以规范国有企业的全面预算管理工作。2000 年 9 月，国家经贸委颁布《国有大中型企业建立现代企业制度和加强管

---

① 稻盛和夫［日］：《稻盛和夫的实学：经营与会计》，东方出版社 2015 年版，第 136 页。

② 稻盛和夫［日］：《稻盛和夫的实学：经营与会计》，东方出版社 2015 年版，第 192 页。

③ 稻盛和夫［日］：《稻盛和夫的实学：经营与会计》，东方出版社 2015 年版，第 135 页。

理的基本规范（试行)》，明确提出国有大中型企业应建立全面预算管理制度。2001 年 4 月，国家财政部发布《企业国有资本与财务管理暂行办法》，要求国有企业实行财务预算管理制度。2002 年 4 月，国家财政部颁布《关于企业实行财务预算管理的指导意见》，进一步对企业提出了实行财务预算管理的要求。2007 年 6 月与 2011 年 11 月，国务院国有资产监督管理委员会先后下发《中央企业财务预算管理暂行办法》《关于进一步深化中央企业全面预算管理的工作的通知》，向中央企业提出了实现全面预算管理工作规范化和深化的要求。

5.4 影响会计核算内容变动的因素

5.4.1 经济活动目的与会计核算内容

如前所述，会计对象就是经济活动中的投入与产出及其关系。经济目的不同，经济活动的投入与产出及其关系也会有所不同，进而导致会计核算内容的差异。比如，无论是奴隶主庄园会计、封建领主会计、个体农户会计的核算内容都可以归为财物的收入及来源和财物的付出及用途两大类（见表 5－1)，与现代企业会计的核算内容存在很大的差异。为什么奴隶主庄园会计、封建领主会计、个体农户会计的核算内容都可以归为财物的收入及来源和财物的付出及用途两大类呢？这显然与经济体的经济活动目的密切相关。因为奴隶主庄园、封建领主庄园、个体农户均属自给自足的自然经济体，从事经济活动的目的都是为了满足自身及家庭的生活需要，这就决定了他们的基本经济活动包括财物收入活动和财物支出活动两大类，与此对应，其会计核算内容便由“财物收入及来源”和“财物支出及用途”组成。

表 5－1　　　　　自然经济体的会计核算内容

经济体	会计核算内容	
	财物收入及来源	财物支出及用途
奴隶主庄园	庄园各种产品	生产资料、生活资料等
封建领主庄园	庄园各种产品、地租收入	生产资料、生活资料等
农户	家庭的各种产品	生产生活资料、税赋、地租等

5.4.2　经济关系与会计核算内容

现实的经济活动只能存在于人们的特定经济关系中。经济关系不同，人们所从事的经济活动也会有所不同，进而会计核算内容也会存在差异。

作为世代累积的经济活动结果的财富，当它为经济体成员所共有，且经济体之间不存在借贷关系时，对财富进行产权确认与计量是没有任何意义的。然而，当经济体内部存在着不同的经济利益主体或经济体之间发生了借贷关系时，对财富产权关系及其变动进行确认与计量便必定成为会计核算的重要内容。比如，在财产为氏族成员共同所有的原始公社时期，既没有个人财产权的确认问题，也没有债权、债务的核算问题。而在奴隶社会和封建社会，因为社会财富为不同的所有者所有，且不同的所有者之间存在着财物的借入与借出关系，有关债权、债务的核算内容便普遍见于奴隶主庄园会计、封建领主会计的账簿之中，即便是不用簿记的自耕农、佃农，也要将债权、债务铭记在心。再比如，封建社会的自耕农与佃农所依存的经济关系不尽相同，前者耕种的是自己的土地，无须缴交地租，故不进行地租的核算；后者耕种的是地主的土地，需要缴交地租，故要进行地租的核算。

20 世纪 70 年代末开启的中国经济体制改革，实质上是一场重大的经济关系变革。这场变革对企业会计核算内容的影响主要体现在以下三个方面：

第一，对“所有者权益”的核算取代对“资金来源”的核算。

“资金来源”与“所有者权益”是两个不同的经济范畴。在计划经济体制下，国家按核定的资金额度对企业拨款，形成企业的“资金来源”。“资金来源”反映的是计划经济体制下的经济关系，国家拥有资金的所有权与支配权，国有企业只有资金的使用权。“所有者权益”则反映的是市场经济体制下的经济关系，投资人拥有资金的所有权与剩余索取权，企业法人则拥有资金的占有权、支配权与使用权。所有者权益的确认，使企业投资人与企业法人的权利、义务关系得到了明确的界定。

第二，对“资产”的核算取代对“资金占用”的核算。

在高度集权的计划经济体制下，国有企业按国家规定的资金用途形成各种生产资料或物资，构成企业的“资金占用”。“资金占用”反映的是计划经济体制下的经济关系，国家对投入企业的各种生产资料或物资拥有所有权和调拨处置权，企业则只具有使用权。“资产”则反映的是市场经济体制下的经济关系，投资人对投入企业的资产拥有所有权和剩余索取权，企业法人对投资人委托其经营管理的资产则拥有占有权、使用权与依法处置权。资产的确认，意味着企业具有了依法自主经营的条件，取得了独立商品生产者的地位。

第三，“负债”成为独立的核算要素。

在计划经济体制下，国有企业定额内所需资金由国家拨付，超定额或临时性所需资金由银行贷款解决，银行贷款与国家拨款均确认为企业的“资金来源”，企业既不会因向银行借款而面临财务风险，也不会因利息费用支付而影响员工利益，银行贷款与国家拨款的区别只是资金来源的渠道不同，企业与银行之间并不构成实质性的债务人与债权人关系。经济体制改革之后，“负债”被作为独立的核算要素，表明作为各自独立的市场经济主体的企业与企业之间或企业与银行之间的债务与债权的关系得以形成，债权人和债务人的权力与义务得到了明确界定。

5.4.3　经济形态与会计核算内容

5.4.3.1　自然经济形态下的会计核算内容

在自给自足的自然经济形态下，经济组织的会计对象为贯穿于生产、分配、交换活动中的使用价值运动及在使用价值运动中所形成的经济利益关系。封建社会的自耕农、佃农，其产品一部分作为赋税或地租进入国库或地主家庭，其余部分留归自身家庭用作生产资料和生活资料。此外，他们还要以服徭役或劳役等方式为国家或地主家庭直接提供各种劳务服务。由于其经济活动成果直接表现为各种使用价值，所以其会计核算内容也就是按实物计量单位对各种使用价值的增加、减少和余存的核算。奴隶社会、封建社会的官厅会计也是如此，其账簿上分类登记的各项预算收支都是各种粮食、牲畜、武器等物资及其数量的增减变动。在同时发生物资收支与货币收支的场合，物资收支与货币收支则是分别核算的，并不存在统一的价值核算。

自给自足的经济组织也会发生少量的商品交换行为和货币收付行为。然而，对于自给自足的自然经济体来说，货币或者是可以用来交换自身所需要的使用价值的工具，或者是可以满足未来需要的一定量使用价值的等价物与贮藏手段。正如马克思所言："在商品流通的初期，只是使用价值的多余部分转化为货币。这样，金和银自然就成为这种多余部分或财富的社会表现。在有些民族中，与传统的自给自足的生产方式相适应，需要范围是固定有限的，在这些民族中，这种朴素的货币贮藏形式就永恒了。"① 这让我们联想到置身荒岛、陷入困境的鲁滨逊。为了生存，他到搁浅的船上去寻找有用的东西。他找到了许多生活用品，还看到了 36 英镑。当时的

① 马克思：《资本论第 1 卷（上）》，人民出版社 1975 年版，第 150 页。

他认为最无用的就是这36英镑，因为这些与市场隔绝的英镑已不具有一般等价物的属性，用它们无法购买到任何他所需要的东西。

5.4.3.2 商品经济形态下的会计核算内容

与自给自足的自然经济不同，商品经济是以交换为目的的经济。商品经济具有小商品经济和大商品经济两个形态。

小商品经济也称“简单商品经济”，手工作坊、小商、小贩等均属小商品经济之列。马克思在《资本论》一书中指出：“简单商品流通——为买而卖——是达到流通以外的最终目的，占有使用价值，满足需要的手段。”① 由于小商品经济组织的生产或经销的品种单一、规模狭小，所以只需进行简单的记录与核算。其中的手工作坊，既从事商品的生产活动，也从事商品的销售活动，需要确认与计量的是产品的销售收入与物耗成本，产品销售收入扣除物耗成本及税费后的余额即为家庭用于购买生活资料的消费基金。小商、小贩只有商品的买卖过程，没有商品的生产过程，需要确认与计量的是商品的销售收入和进价成本，从商品销售收入中扣除进价成本与税费后的余额即为家庭用于购买生活资料的消费基金。

大商品经济组织——企业，进行商品生产与交换的目的不是为了获得使用价值，而是为了获得价值增殖，使用价值的生产只是实现价值增殖的手段。正如马克思所言：“作为资本的货币的流通本身就是目的，因为只是在这个不断更新的运动中才有价值的增殖。”② 因为作为大商品经济组织的企业，其经济活动的最终成果不再是形形色色的实物产品或服务产品，而是以货币形态存在着的已经实现了的价值增殖，所以会计的核算对象便是贯穿于产品的生产、分配、交换过程中的价值增殖运动及在价值增殖运动中所形成的经济利益关系。

在商品经济社会中，除以营利为目的的企业外，还存在大量的

---

① 马克思：《资本论第1卷（上）》，人民出版社1975年版，第173页。

② 马克思：《资本论第1卷（上）》，人民出版社1975年版，第174页。

非营利性组织。非营利性组织，不是以营利为目的，而是以满足社会公众对公共产品的需要为目的。非营利性组织的会计对象不是贯穿于私人产品的生产、分配、交换过程中的价值增殖运动及在价值增殖运动中所形成的经济利益关系，而是贯穿于公共产品的生产、分配、交换过程中的价值运动及在价值运动中所形成的经济利益关系。

还要指出以下两点：

一是在商品经济占据主导地位的社会中，有些东西本身并不是商品，比如未开垦的处女地，“但是也可以被它们的所有者出卖以换取金钱，并通过它们的价格，取得商品形式。因此，没有价值的东西在形式上也可以具有价格”。[①] 从而成为价值运动的组成部分，被列入会计的核算内容。

二是将商品经济社会的会计对象界定为经济活动中的价值运动或价值增殖运动，并不意味着将经济活动中的使用价值运动排除在会计核算的内容之外。无论是营利性企业还是非营利性经济组织，均既要运用货币尺度对投入与产出及其关系进行确认与计量，也要运用实物尺度对投入与产出及其关系进行确认与计量，二者是同一核算的两个不同的侧面，是无法割裂开来的。

5.4.4　系统的稳定性与会计核算内容

如前所述，包括经济系统在内的任何系统都存在内稳定机制，保持系统在一定时期的相对稳定性是求得系统发展的必要条件。企业的财务状况，不仅是对企业财产、资产情况的反映，也是对企业的财务风险即企业稳定性的反映。财务风险问题，是信用经济制度下不可忽视的问题。即便是在会计制度极不完备的情况下，人们也要逐一认真地记录有关财物的借入和归还的经济事项，以防范财务

① 马克思：《资本论第 1 卷（上）》，人民出版社 1975 年版，第 120－121 页。

风险，维系经济活动、经济运行的稳定性。国家财政长期遵循的“收支平衡，略有结余”的方针，国家财政、企业财务所确立的各种“后备基金”“风险基金”制度，也都是出于维护系统稳定的要求。只要存在商品经济关系、债权债务关系，就会存在信用经济关系；只要存在信用经济关系，就会存在信用风险、财务风险。为降低、规避信用风险与财务风险以维护经济系统的稳定性，会计就必须进行储备基金、资本结构、现金流量、偿债能力等一系列核算。

5.4.5 会计成本与会计核算内容

与其他活动一样，进行会计活动也要耗费一定的人力、物力与财力。或者说，会计活动本身也有一个投入与产出或成本与效益的比较问题。会计史料表明，会计活动主体会选择较低的投入去实现会计的目标，从而使会计的核算内容发生变化。

日本学者儿玉尚彦曾就会计工作的合理化与降低会计工作成本的途径进行了十余年的调查研究与反复的实践探索。他在《会计合理化彻底实践》一书中谈道：“我帮着客户们进行会计工作的合理化，并看着那些会计部门的作业时间及成本得到了大幅度的缩减。”① “现金以外的交易，可以日后再看存折及请款单来确认交易的内容。因此，如果连零用金方面的费用出纳也没有了，每天非做不可的账簿（现金出纳账）就消失了。换言之，若实行无现金的话，每天非做不可的会计作业就消失了。”②

可见，在不影响会计目标达成的前提下，人们出于降低会计工作成本与提高会计工作效益的要求，会对会计的核算内容或核算方法进行必要的取舍，甚至用非会计方法来解决会计核算问题，从而

① 儿玉尚彦［日］：《会计合理化彻底实践——你不得不知的 101 个会计成本准则》，台湾和昌出版社 2005 年版，第 9 页。

② 儿玉尚彦［日］：《会计合理化彻底实践——你不得不知的 101 个会计成本准则》，台湾和昌出版社 2005 年版，第 73 页。

使会计核算内容发生变化。

5.4.6　代理关系与会计核算内容

这里谈及的代理关系，是指财产所有者将自己的财产授权他人管理时所形成的一种委托与受托的关系。隐藏在代理关系背后的，是人与人之间的信用关系、经济利益关系。代理关系不是存在于同一经济利益主体内部，而是存在于不同经济利益主体之间。比如奴隶主将庄园委托管理员来管理，国有资产委托承包者来经营，个人资金委托证券商来运作等。

股份企业无疑是代理关系的产物：资产所有者是委托一方，经营管理者则是受托一方，委托方凭借对资产的所有权享有所有者权益，受托方根据经营业绩获得经营管理报酬。那么，在这种代理关系中，会计是属委托方，还是属受托方，抑或属中立方或第三方？有人认为："在代理关系中，会计是第三者。会计人员以客观公正的第三者立场，计量和报告代理责任和代理效绩。代理关系双方的地位是平等的，需要有客观公正的第三者处理双方的利益关系。"① 笔者认为，从会计职业道德的角度来说，上述观点是没有问题的。而从委托代理关系的角度来说，会计工作则实际上会更多地受到来自委托方的制约和影响。这是因为，股份企业代理关系的产生，虽然改变了资产所有权与经营权的配置关系，却未改变资产所有权与经营权的支配与被支配的关系，这种支配与被支配的关系必然会在会计工作中体现出来。比如，股份企业的会计核算内容之所以必须严格按照公认的企业会计准则来界定，就是为了满足委托人对受托人业绩考核及监督的需要。与其不同，不存在代理关系的小企业，其会计核算的内容则不在公认的企业会计准则的规范之列，具有一定的随意性与易变性。

---

① 于玉林等：《会计基础理论研究》，经济科学出版社 2001 年版，第 38 页。

5.4.7 经济规模与会计核算内容

经济规模也是影响会计核算内容的一个不可忽略的因素。封建社会的自耕农、佃农，经济规模狭小，经济业务单纯，利用手头的度量器具与即时记录便可实现对生产与生活的有效控制，没有必要像官厅会计那样通过账簿对财产物资的收支进行连续计量与记录。新中国成立前的小商店，常常使用一些非会计手段对财物实施管理，比如，店掌柜在犄角旮旯处放点儿零钱，考验伙计的品行；伙计回家探亲，店掌柜会叫其他伙计帮忙整理行囊，借此防范伙计发生偷盗等不检点的行为。现今的一些小微企业，通常只是有选择地进行本金、债权与债务、现金收付等核算，资产的核算采取盘存的方式，利润的核算则采取比较两个时点资产金额的方式，并非像大中型企业那样对经济业务进行连续、系统、全面的核算。

第 6 章

会计技术及其演进

会计要履行其职责，实现其功能，必须借助一定的技术与方法。经济活动目的、经济关系、核算对象、经济规模、法规制度、科技水平等均是决定或影响会计技术与方法产生、发展、演变的因素。本章旨在以会计簿记技术的变动为主线，对会计技术与方法的演进过程和影响会计技术与方法变动的因素作一探讨。

6.1 会计技术及其类别

6.1.1 会计技术的含义

何谓技术？美国的技术思想家布莱恩·阿瑟教授在《技术的本质》一书中指出："技术是实现目的的一种手段。"[①] 既然技术是实现目的的手段，那么，会计技术就是实现会计目的的手段。但凡支持会计履行职责、发挥功能的种种手段均可归入会计技术的范畴。

① ［美］布莱恩·阿瑟：《技术的本质》，浙江人民出版社 2014 年版，第 28 页。

6.1.2 会计技术的类别

6.1.2.1 软件技术与硬件技术

按照会计技术存在形态的不同，可将会计技术划分为软件技术与硬件技术。有关软件技术和硬件技术，布莱恩·阿瑟教授在《技术的本质》一书中有极清晰的界定："技术包含一系列操作，我们可以称之为技术的'软件'。这些操作需要物理设备去执行，我们称之为技术的'硬件'。当我们强调'软件'时，我们看到的是过程和方法；当我们强调'硬件'时，我们看到的是物理装备。"[①]按此界定，预测与估算技术、预算技术、经济合理性分析技术、会计核算程序、会计核算方法、会计报表的设计与编制方法、会计报表分析方法、计算工具与设备的配置使用方法、会计制度、会计准则、财务软件、比较与评价方法等，均属会计的软件技术；会计工作所使用的账簿、报表、凭证、光盘、软盘等数据载体，算盘、计算器、计算机等计算工具或设备，以及会计机构等，均属会计的硬件技术。会计技术则是所有的会计软件技术与硬件技术的总和。

会计的软件技术与硬件技术，并不是相互独立，彼此割裂的，而是依据目的与手段的关系，形成一个结构紧密的技术体系。"技术的最基本结构，包括一个用来执行基本功能的主集成和一套支持这一集成的次集成。"[②]支持会计履行基本职责、发挥基本功能的技术集成是会计技术的主集成，会计预测预算技术与方法、会计核算技术与方法、经济分析与评价方法等则是会计技术主集成的主干部分。会计的输入子系统和输出子系统是支持会计系统实现其功能的"次集成"。无论是会计的输入子系统，还是会计的输出子系统，也都是硬件技术与软件技术的统一。在手工会计的方式下，单式簿记系统中的草流簿、各种凭证，均属会计数据输入子系统的硬件技

---

① ［美］布莱恩·阿瑟：《技术的本质》，浙江人民出版社 2014 年版，第 30 页。

② ［美］布莱恩·阿瑟：《技术的本质》，浙江人民出版社 2014 年版，第 32 页。

术；账簿的登记方法与程序、凭证的编制方法、记账方法以及会计要素的确认与计量原则，均属会计数据输入子系统的软件技术。在电算化会计的方式下，大部分数据输入与输出工作已由计算机处理，键盘、扫描仪等就是会计输入子系统的硬件技术，财务软件就是会计输入子系统的软件技术；打印机、显示器等就是会计输出子系统的硬件技术，数字化会计报表的传递、报送程序等就是会计输出子系统的软件技术。

记录载体与计量或计算工具是会计核算硬件技术的主体部分。在会计活动出现后的漫长岁月里，会计记录载体与计量、计算工具基本取自自然物或自然加工物，比如石块、木棍、木片、竹片、绳子、羊皮、树皮等。现今的会计记录载体、计量计算工具可谓面目全非。就会计数据存储载体而言，磁带、磁盘、微缩胶片等已取代了纸质的凭证、账簿与报表；就会计数据处理工具而言，计算机、网络系统、中央处理器等电算化设施设备已取代了算盘、计算尺、计算器等手工处理工具。

会计核算程序与记账方法是会计核算软件技术的主体部分。会计核算程序要解决的是会计数据输入与处理的步骤与方法问题。而在安排会计数据输入与处理的步骤与方法时，面对的则是会计综合指标数据的输入方法与数据时效的矛盾。要提高会计数据的时效性，就必须选择适当的登记总账所依据的凭证。登记总账所依据的凭证不同，会计核算程序也会有所不同。至于会计记账方法，则经历了从单式记账法到复式记账法的发展过程。数字技术应用于会计系统后，电算化取代了手工操作，使会计数据处理工作可在瞬间完成，然而，复式记账法却未改变，因为迄今仍然存在着复式记账法赖以存在的根据。

6.1.2.2　决策、执行、检验环节的会计信息技术

按照会计服务对象的不同，还可将会计技术划分为决策服务类会计信息生成技术、调控服务类会计信息生成技术和检验服务类会

计信息生成技术。其中，决策服务类会计信息生成技术，包括对拟进行的投入与产出及其相互关系的预测、估算、预算技术，经济合理性分析技术等。调控服务类会计信息生成技术，即对正在展开的投入与产出及其关系的确认与计量的技术，包括会计科目、账户、账簿的设置方法与记账方法，会计的核算程序，会计要素确认与计量的方法，会计凭证设计、填制及审核的方法，财产清查的方法，结账的方法，会计报表设计与编制的方法，会计报表分析的方法，计算工具与设备的配置及使用的方法等。检验服务类会计信息的生成技术，即"实践观念"总结服务类信息产出技术，包括计算期与基期的对比分析方法，比率分析方法，因素分析方法，财务报告编制方法等。

6.2 单式簿记技术

6.2.1 单式簿记技术的产生

有关单式簿记技术，郭道杨先生在《会计史研究——历史·现时·未来》一书中指出："从起源上考察，单式簿记是自然经济发展到一定阶段的产物。它是在原始自然经济：采集经济→渔猎经济→农牧经济这三个相关联的阶段应用的原始计量记录法演进的基础上产生的。它发端于奴隶制时代，并在此阶段取得初步发展，而后在进入封建制时代后又获得全面发展，最终形成具有一定科学性、系统性的单式簿记的方法体系。"①

步入农耕社会早期的人类，为了保障生产、生活的稳定性与持续性，便已经有了由生产者附带进行的简单经济计算、计量和记录活动。然而，这种附带进行的简单经济计算、计量和记录活动却无

① 郭道扬：《会计史研究第3卷》，中国财政经济出版社2008年版，第3页。

法适应规模宏大而又复杂的国家财政活动需要。国家财政预算，需要运用簿记技术提供相关信息来编制；国家财政预算的执行情况和执行结果，需要运用簿记技术来确认、计量与评价；对官员执行财政预算成效的监督与考核，需要运用簿记技术提供相关信息来支持；国家财产的确认与保护，需要运用簿记技术提供动态数据来保障。

大量的史料表明，国家一经出现，财政机构便被设置，财政官员便被安排。据《尚书·立政》记载，夏王朝的官制分为宅乃事、宅乃牧和宅乃准三类，分管中央和地方的政务和公正执法事务。宅乃事设有司徒、司马、司空三种官职。大体而言，司徒分管财政事务，司马分管军事事务，司空分管水利灌溉事务。据《周礼》记载，主司会计职责的有司会、司书、职内、职岁，负责记账、核算、统计、考成。约7000多年前，迦勒底—巴比伦、亚述和苏美尔的文明产生了可能是世界上最早的政府。巴比伦神殿，以及中央和地方政府雇用了数百名记录官作为行政官员。

与国家财政同时出现的单式簿记活动和原始公社的计量、计算活动的区别，主要体现在经济活动的记录方法与记录载体方面。国家官厅会计为了发挥为保护国家财产安全、监督政府官员经济责任履行情况提供相关信息服务的职能，必然要求会计记录方法（软件技术）与记录载体（硬件技术）发生相应的变化。就记录方法而言，原始公社对经济活动进行非连续性记录便可满足管理生产与生活的需要，而官厅会计为了提供国家财产安全及政府官员经济责任履行情况的相关信息，则必须对经济活动进行序时的、连续的记录。就记录载体而言，原始公社记录经济活动的载体可以是非固化的，而旨在为保护国家财产安全和监督政府官员经济责任履行情况提供相关信息服务的官厅会计，其记录载体则必须是固化的，否则就无法防范偷换账页、篡改账目等行为的发生。

“簿记”正是上述会计记录方法与记录载体变化的产物。“簿记”的产生，既是单式簿记技术体系诞生的主要标志，也是单式簿记区别于原始计量记录的主要标志。

6.2.2 单式簿记技术的构成及其变动

6.2.2.1 单式簿记的核算要素

单式簿记的核算对象是各经济体的财物，核算要素是财物收入与财物支出。无论单式簿记发展到何阶段，只要经济体未改变其自给自足的自然经济形态，簿记的这两个核算要素就不会发生变化。中国的有关史料表明：单式簿记的单一流水账也好，“两账”阶段的业务现场记录的“籍书”也好，“三账”阶段的“草流”也好，记录的都是各种财物的收入和支出的情况；“总清”记录的则是各种财物分类汇总的收入与支出情况。“总清”汇总分类的项目与预算收支项目相一致，以便直接根据“总清”的核算资料确认财政预算的实际执行情况，或者根据“总清”的核算资料形成簿记报告。

6.2.2.2 单式簿记的计量尺度

中国官厅单式簿记计量尺度的演进大致历经了三个阶段。

第一阶段：夏商至春秋战国，以实物计量尺度为主。夏至西周，财政收入的主要来源是“贡”，即贡纳和贡赋。夏代，“任土作贡”，贡纳的为各诸侯国或臣服国向天子贡献的各种土特产品；西周，贡赋即田赋，适合贡什么，就贡什么，不限于土特产品。夏为贡法，征收对象为生产的农作物，平均税率约1/10；商为助法，以“井田制”为基础，9块地的中间一块为公田，由8户助耕，收成归国家；西周为彻法，一般认为约按实际收成的1/10交纳。到春秋战国时期，田赋仍以实物征收。这一阶段的财政收入，除数额较小的工商杂税外，主要是粮食等各种实物，容量、重量、长度等实物计量尺度是财政收支核算的主要计量尺度。

第二阶段：秦汉至唐宋，实物计量尺度与货币计量尺度兼用。秦代，商鞅变法，开征人头税，以钱交纳。汉武帝时期，因军费开支过大，入不敷出，在实行盐、铁、酒专卖的同时，开征牲畜税，牲畜按头数折价，每千钱交税二十。汉灵帝中平二年，田租征收临时性附加，亩纳税十钱。唐代，重农但不抑商，商业城市大量出现，对外贸易快速发展，工商杂税在财政收入中的比重有所提高。宋代，商业繁荣，工商税收超过田赋收入，占财政总收入的一半。秦汉至唐宋时期一系列经济政策改革使财政收入中货币收入比重不断增加，从而形成实物计量尺度与货币计量尺度兼用的格局。

第三阶段：明清时期，以货币计量尺度为主。明万历九年（1586 年），张居正在地方推行"一条鞭法"，赋役合一，皆计亩征银。清入关之初，田赋征收沿用明代的一条鞭法。康熙五十五年（1716 年）在广东、四川两省率先试行地丁银制度。雍正元年后，改革则全面铺开。实行地丁银制度后，按田地收取田赋和丁银，财政收入中的银钱的占比进一步增加。清末，财政收支已以银作为计量尺度。

还要指出的是，秦统一中国后，计量单位的使用得到规范。其后有所变动，特别是货币计量单位。明代，白银以锭、两为基本单位，两以下又分为钱、分、厘、毫；粮谷以石、斗、升、合、勺、抄、撮为计量单位；布帛以匹、丈、尺、寸、分为计量单位。清代沿用。

6.2.2.3　单式簿记的账簿设置

中国官厅单式簿记的账簿设置大致历经了三个阶段。

第一阶段：商代，设置单一流水账。单一流水账是在经济业务发生的现场所形成的一种简单的纪实性账簿，按照业务发生的时间顺序，采取文字叙述的方式，记录业务发生的时间、具体的财物、增减的数量、增加的来路或减少的去向等。采用单一流水账，既无分类核算，也无总括核算。该簿记记录既是证实经济业务发生的原始凭据，又起到簿记报告的作用。单一流水账，在欧洲的一些国家也被称作“日记账”或“序时账”。

第二阶段：西周至汉，设置两账。西周的“两账”，是指钱物保管及出纳部门设置的“籍书”和簿记部门设置的“籍书”。钱物保管及出纳部门设置的“籍书”，实际上是沿袭商代的单一流水账即经济业务的现场记录，仍然起着证实经济业务发生的原始凭证的作用。簿记部门设置的“籍书”，亦即具有分类汇总作用的簿籍，它根据钱物保管及出纳部门“籍书”的记录进行分类汇总。当时的“籍书”还具有簿记报告的作用。西周至汉代，钱、物的出入库在分类核算上已取得了进展，如秦代钱、粮已分管并实行分类核算，汉代也有“谷簿”“钱簿”的设置。但总体来看，尚未打破“两账”设置的基本格局。

第三阶段：南北朝至唐，“三账”形成与确立阶段。其中，南北朝至隋朝，为“两账”向“三账”的过渡时期。“两账”向“三账”过渡的客观条件则是经济事项记录载体的进步及由此带来的书写工具的改进。魏晋、南北朝，造纸技术得到了广泛的传播，簿记的记录载体也逐渐由使用麻烦、书写不便、不易保管的竹简转向使用方便、书写快捷、易于保管的纸张。这一巨大的进步为“三账”的设置提供了必要的硬件技术支持。

唐代为“三账”的确立期。“三账”的确立，意味着单式簿记的账簿设置臻于完善。“三账”是指“草流”“细流”和“总清”。“草流”可以说是西周钱物保管、出纳部门的业务现场记录亦即“籍书”的保留，甚至可以说是商代的单一流水账的保留。作为经济业务现场的纪实性记录，“草流”仍然起着证实经济业务发生的原始凭证的作用。“细流”则是一种规范的流水账。“细流”登记的内容来自“草流”，是对“草流”记录的一种整理与转记。“细流”的规范性，体现在它有明确的书写格式和内容定位，要求书写工整，不得潦草。如有需要，亦可设置专项“细流”。比如，汉代的“肉簿”和“茹出入簿”是专门记录肉与蔬菜的“细流”。清光绪元年内务府会计司的“出入流水账”是专门登记现款收支的“细流”。“总清”，亦称“清总”或“誊清”或“总账”，是一种分类核算的账簿。“三账”形成的早期，官厅簿记中“总清”起着簿记报告的作用。“三账”形成的中后期，簿记报告被独立出来，“总清”则是编制官厅簿记报告的依据。

6.2.2.4　单式簿记的记账符号

中国单式簿记记账符号的演进大致历经了四个阶段。

第一阶段：夏至商代，官厅会计以不固定的行为动词表示记录对象即财物的增加或减少。比如以“获”字表示猎取而增加的动物，以“伐”字表示用利器刺杀而减少的动物。

第二阶段：周至战国，官厅会计将行为动词“入”与“出”固定为记账符号。

第三阶段：秦汉至宋元，官厅簿记与民间簿记在记账符号的使用上各行其道，官厅簿记基本上用“入”“出”作为记账符号，民间簿记则以“收”“付”作为记账符号。记账符号的这种分用，符合官厅财政活动和民间商业活动各自的特点。

第四阶段：明清期间，官厅簿记与民间簿记在记账符号的使用上又同归一路，均将“收”“付（支）”作为记账符号。

6.2.2.5　单式簿记的记账方法

中国单式簿记记账方法的演进大致历经了两个阶段。

第一阶段：夏商至春秋时期的叙述式记账法。有关叙述式记账法，郭道扬先生在《会计史研究——历史·现时·未来》一书中指出：“这种记账法在对簿记事项进行处理时，记录者如同一般行文方式一样，系用文字将基本内容表现出来，表述力尽其详，逐字逐句书写唯恐记录不清。所以，这种记录用字较多，语句拖沓，述其事而不求其简练，这是研究中将其概括为文字叙述式记账法或曰叙事式记账法的基本原因。”[①] 世界上其他文明古国也曾经历这一阶段。

第二阶段：秦汉至明清时期的定式简明簿记记账法。秦统一中国为中国簿记记录方式的规范化奠定了基础，提供了条件。从汉简来看，汉代的账目记录要素明确、规范。比如，账目有明确的起止时间，以“入”“出”表示财物的增减变化，反映增减的财物及数量，反映财物入之来路及出之用途。账簿的记录方式虽仍属叙述式，但用语简洁明了。明清时期，资本主义经济关系的萌芽生长加速了单式簿记的演变，转而由民间簿记引领簿记技术的发展。这时民间记账方法已经达到单式簿记的完善形态：一是固定以“收”“付”作为记账符号；二是采用“上收下付”的记账格式；三是记录要素如经济事项发生时间、性质、内容、数量与单位、单价与金额等表述完整、明确、简要、清晰；四是数码使用兼顾便捷与防止舞弊，比如，草流中可以用草码和草字，抄流水账要使用“汉体数码”，并做到字体工整，排列整齐，总清账必须使用“会计体”数码即大写的中文数字；五是记账技术与中华文化相融合，比如月份雅号与丰富多彩的戳记的使用。

6.2.2.6 单式簿记的结账方法

中国官厅单式簿记结账方法的演进大致历经了三个阶段。

第一阶段：商代中期之前，盘点结账法。这是通过对财物的计数或计量确定财物结存数的一种方法。郭道扬先生则认为：“严格地讲，这种与财产权利还不相关的盘点，还不能讲是簿记意义上的结账行为，自然还不属于盘点结账法的应用范畴。”[②]

第二阶段：商代后期至秦代，三柱结账法。“三柱”是指“本期收入”“本期支出”和“期末结余”。“三柱结账法”的结账公式为：

---

① 郭道扬：《会计史研究第3卷》，中国财政经济出版社2008年版，第64页。

② 郭道扬：《会计史研究第3卷》，中国财政经济出版社2008年版，第80页。

本期收入合计 - 本期支出合计 = 本期期末结余

采用“三柱结算法”进行结账的目的，不只是为了确定期末各种财物的结存数，也是为了确定计算期财物的收入合计数和支出合计数。

第三阶段：汉代至清代，四柱结账法。“四柱结账法”产生于汉代。据对汉简考证，汉简的收入总计数包括上年末的结余数和本年度的收入数。有学者认为，这并不是真正意义上的“四柱结账法”。后来人们将上期结余数从收入总计数中独立出来，便形成了真正意义上的“四柱结账法”。“四柱”是指“上期结余”“本期收入”“本期支出”和“本期结余”。“四柱结账法”的结账公式为：

上期期末结余 + 本期收入合计 - 本期支出合计 = 本期期末结余

“四柱结账法”的计算公式，根据需要亦有其他变形。

6.2.2.7　单式簿记报告

中国官厅单式簿记报告的演进大致历经了两个阶段。

第一阶段：西周至汉代，文字叙述式簿记报告。郭道扬先生在《会计史研究——历史·现时·未来》一书中指出：“春秋战国时期的簿记报告制度、编制方法以及簿记文书的审核制度和方法都与西周一脉相承，尤其是这个时期的‘上计’制度在继承的基础上又有了进一步的发展。如‘上计’的程序、考核与奖惩方法都出现了进展。”[①] 秦统一中国后，簿记编制制度与编制方法、“上计”制度在全国基本实现了统一，并延续至汉代。其中簿记报告的编制一直沿用文字叙述式。

第二阶段：唐代至明清，数据组合式簿记报告。前已述及，南北朝至隋代为“两账”向“三账”的过渡期。与其相应，南北朝至隋代也是文字叙述式簿记报告向数据组合式簿记报告的过渡期。到唐代，伴随“三账”的确立，便形成了数据组合式簿记报告。

---

① 郭道扬：《会计史研究——历史·现时·未来》第 3 卷，中国财政经济出版社 2008 年版，第 149 - 150 页。

《唐开元二十二年（公元734年）秋季沙州会计历》是典型的季报文书，该文书的前半部列示本期全部收入，其中既有各坊的总数，也有按人记录的细数，属于户税与地税征纳收入。税收有实物，也有现钱，其基本格式为数据组合式。宋朝，在财用、库务文书中对官厅簿记报告的数据组合式、编制程序与方法均有明确规定，数据组合式簿记报告被纳入公文制度范畴，进一步走向规范化。官文书规定中的簿记报告一律采取“四柱”式，这是走向规范化的最显著的标志。明代官厅的数据组合式簿记报告，对编制规范及其报告的用印、报送、汇总、审核、批示、驳回、更正等均有明确规定。可以说，数据组合式簿记报告的编制与管理工作发展到明代已经基本完善。清代效仿，且在财政收支重点项目的簿记报告的编制与考核等方面有所突破。

6.2.2.8 单式簿记的核算程序

在单一流水账设置与运用时期，没有分类核算，更没有总括核算。当时是否根据单一流水账形成了像西周至秦汉时的文字叙述式簿记报告，尚无史料可考。若从账簿之间核算关系的角度考证核算程序的话，在单一流水账设置阶段应该是不存在簿记核算程序的。

在“两账”设置与应用时期，流水性质的“籍书”为归类汇总的“籍书”提供核算依据和数据，归类汇总的“籍书”则为编制文字叙述式簿记报告提供依据与数据，并成为簿记报告的组成部分。“两账”设置下的会计核算程序，见图6-1。

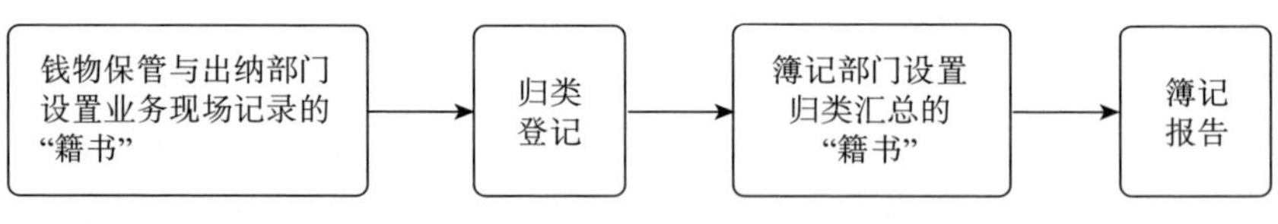

图6-1 “两账”下的会计核算程序

在“三账”设置与应用时期，业务现场记录的起原始凭证作用的“草流”为规范的序时账“细流”提供依据与数据，规范的序时账“细流”为分类汇总核算的“总清”提供依据与数据，“总清”则为编制数据组合式簿记报告提供数据。“三账”设置下的会计核算程序见图 6 – 2。

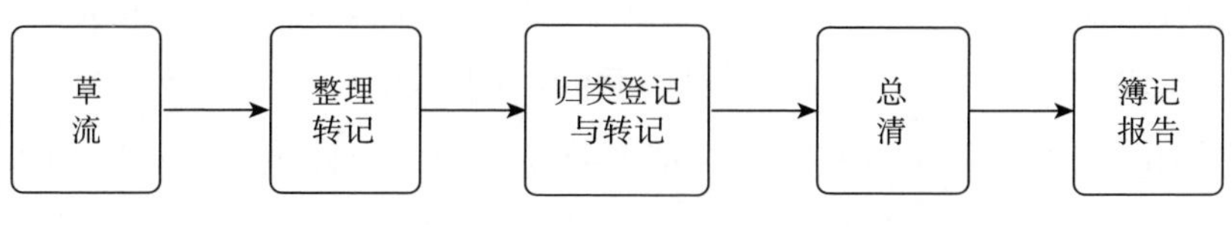

图 6 – 2　“三账”下的会计核算程序

6.2.3　单式簿记技术的影响因素分析

6.2.3.1　单式簿记核算方法的影响因素

如前所述，奴隶主庄园、封建主庄园、个体农户等自给自足的自然经济体，虽其收入的来源大相径庭，但在形式上都表现为经济体的财物收入；虽其财物的用途各不相同，但在形式上都表现为经济体的财物支出。“财物收入活动”与“财物支出活动”既然是自然经济体的两大基本活动，也就构成了自然经济形态下的单式簿记核算的两项基本内容。

单式簿记一经产生，就有一个分项、分类核算的问题。收入财物要知其来路，支出财物要知其用途，分项是针对财物收入的来源和财物支出的去向而言的。分类是针对财物的类别而言的，如财物分为钱、粮、布、兵器等大类，每大类财物又细分为若干小类及品种。单一流水账和“两账”与“三账”中的“草流”，既要记录各种财物的收入或支出，又要提供收入之来源、支出之用途的情况，即所谓“来龙去脉”。“总清”与簿记报告都要有财物分项与分类的数据或信息。“总清”主要是分类核算，但也要提供分项方面的信息。簿记报告则是在分项的基础上或者说是在分项的前提下反映各类财物收入与支出情况的。

在单式簿记阶段，簿记系统为什么要从分项、分类两个方面确认财物收入与支出的情况呢？这主要是由自给自足经济活动的特点所决定的。自然经济体的经济活动，就是按预设的途径或渠道获取满足自身需要的各种财物的活动和将获取的财物按预期用途或经调整后的用途进行分配和消费的活动的总和。既然如此，“量入为出”也就成为所有自然经济体必须遵循的原则。为了确保“量入为出”原则的贯彻，无疑就必须按预定来源逐项确认与计量各种财物的收入情况，按计划用途逐一确认与计量各项财物的支出或耗用情况。

“量入为出”，不仅是自然经济体必须遵循的原则，也是国家财政预算必须遵循的原则。这一原则在西周时期具体体现为“收支对口”的原则。所谓“收支对口”，就是一种收入对应一种支出。当时经常性的收入来源有九种，被称为“九赋”。对应九种经常性收入，则安排九种经常性支出，被称为“九式”。这种收支对口的做法，简化了预算工作，有利于对财政支出的控制，在国家财政产生的初期颇具可行性。但随着收入来源的拓展和支出用途的扩大，这种收与支一一对口做法的局限性、不合理性、不可行性便显露出来。于是“量入为出”的财政预算原则，在具体应用上，便由以实现单项收支对口平衡为目标转向以实现财政收入与财政支出的总量平衡为目标，财政收支项目也就逐渐失去了一一对口的关系。但无论如何，官厅簿记的核算项目及各类财物收支的归属问题，仍然首先是由国家财政预算的收入与支出项目来决定的，财计部门只能按照这些项目组织核算和按照这些项目执行结果编制簿记报告。这也许就是现代会计的相关性原则在人类早期会计活动中的一种体现。

预算收支项目，是影响簿记核算项目、确定收支归属关系的重要因素，却不是影响簿记核算项目、确定收支归属关系的唯一因素。财政的收支与财物的收付总是由一定的部门或个人来负责的，这些部门或人员承担着一种受托责任。为了考核这些部门或人员受托责任的履行情况，按受托责任部门或个人组织财物收支的核算也是必不可少的。

6.2.3.2　单式簿记计量尺度的影响因素

计量尺度取决于计量对象的属性，也与人们的习惯或约定俗成相关。比如，谷物可用容量来度量，也可以用重量来度量；布匹可以用长度来度量，也可以用面积来度量；商品的价值，则要用货币来计量。对于计量对象的计量，不仅需要确定计量的尺度，还要确定计量的单位。比如重量的计量单位是吨、公斤、克、毫克等，长度的计量单位是公里、米、厘米、微米等，面积的计量单位是平方公里、平方米、平方厘米等。

会计的计量尺度由会计核算对象的属性所规定。因为自然经济形态下的单式簿记的核算对象主要是供经济体生产生活所需的使用价值，所以主要采用的是实物计量尺度。比如，中国的夏代至春秋战国，长度以尺、寸等为计量单位，重量以斤、两等为计量单位，容量以升、合等为计量单位，奴隶以“头”为计量单位，徭役劳动以人、天为计量单位。

自然经济体之间即便发生以货币为媒介的交换行为，也不会改变以实物计量尺度为主的格局。对自然经济体来说，在进行以货币为媒介的交换时，若货币不在手中停留，便只需计量、记录实物种类及其数量的增减变动，无须计量、记录货币额的增减变动；若货币要在手中暂时停留，则除了要计量、记录实物种类及其数量变动之外，还要计量、记录货币额的增减变动。

战国时期，魏国的宰相、改革家李悝在谈到谷贱伤农，平抑米价时举例：一个五口之家，种田百亩，每年每亩收一石又半，共收一百五十粟。除开十分之一的税十五石，余下一百三十五石，食粮每人每月一石又半，五个人一年是九十石粟，余下四十五石。每石值钱三十，一共是一千三百五十钱。除宗祠祭祀用去钱三百外，下余一千五十，穿衣每人要三百钱，五个人一年是一千五百，还不足四百五。由此案例无疑可得出以下认识：当时农户的某些生产生活用品已需要通过以货币为媒介的交换来解决。在这种情形下，农户把用来交换其他生活用品的粟折算成想象中的货币，以测算用这些粟能否换回家庭所需要的生活用品，农户显然是将货币尺度作为实物尺度的辅助尺度来运用了。

6.2.3.3　单式簿记核算程序的影响因素

簿记系统的账簿设置与簿记核算程序是两个相互关联的问题，不同账簿之间的有序联系便构成簿记的核算程序。人们行为的目的通常呈现为一种递进关系。每种账簿的设置都有其特定的目的，簿记核算程序实质上就是账簿设置目的递进关系的体现。

设置什么账簿，所设置的账簿按何种次序彼此链接，取决于会计核算的最终目的亦即进行会计核算所要获得的最终成果。进行会计核算所要获得的最终成果，既是架构簿记体系的逻辑起点，也是簿记核算程序的决定性因素。因为进行会计核算所要获得的最终性成果是簿记报告，而簿记报告的内容需要反映经济运行总括情况的汇总核算簿记来提供，汇总核算簿记的内容又需要反映经济运行详细情况的簿记来提供，反映经济运行详细情况的簿记的内容则来自证实经济业务发生的纪实性记录或原始凭证，所以单式簿记核算程序，比如在两账设置的场合，便必经图6－3所示的环节。

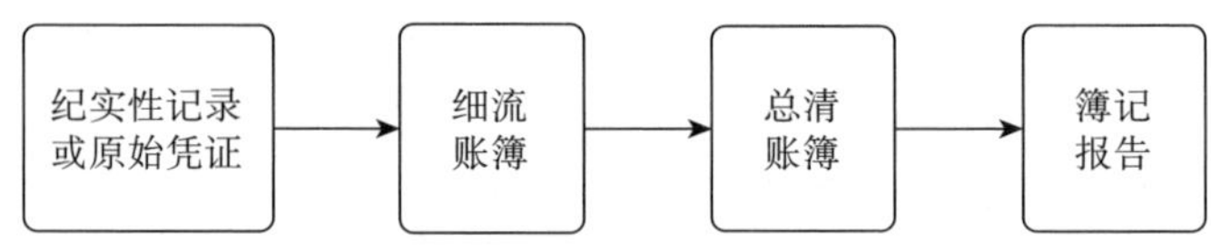

图6－3　“两账”下的单式簿记核算程序

如图6－3所示，当簿记员按照簿记核算程序走到终点时，获得的最终成果就是簿记报告。无论核算程序是否成熟，是否完善，出于实现会计核算职能的要求，簿记工作都必须走到终点，获取最终的成果——簿记报告。当然也要看到，进行会计核算所要获得的最终成果虽然是簿记核算程序的决定性因素，但不是影响簿记核算程序的唯一因素。经济体对保护财产安全的要求、对受托责任人实施监督的要求等都会对簿记核算程序发生作用。图6－3给出的只是对应两账设置的单式簿记核算程序的一个基本框架，在其他因素的影响下，该框架也可能会发生种种变形。

6.2.3.4　单式簿记软件技术的影响因素

账簿设置、记账方法与核算程序均属簿记的软件技术。软件技术的形成与发展无不受到硬件技术的作用与制约。对于单式簿记而言，对账簿设置、记账方法与核算程序等软件技术影响最大的莫过于簿记载体。

信息的采集、存储、整理、加工与传递，都依赖于一定的载体。簿记活动所依存的载体，如前所述，属于簿记的硬件技术。单式簿记的载体也就是簿记的记录载体或书写载体。西方一些国家的单式簿记曾以泥板、羊皮质纸、纸等为记录载体，中国的单式簿记则以竹片、木片、竹简、木牍、纸、帛等为记录载体（见表6－1）。

表6－1　　　　中国古代簿记记录载体

朝代	载体
商代至春秋	竹片、木片
战国至三国两晋	竹简、木牍
南北朝至唐代	纸、帛
宋代至清代	纸

由表6－1可知，中国单式簿记记录载体的使用可以分为两个阶段：第一阶段，三国两晋之前，以竹片、木片、竹简、木牍为簿记记录载体；第二阶段，南北朝之后，大多以纸为簿记记录载体。

以竹片、木片、竹简、木牍为簿记记录载体，其加工之麻烦、书写之不便、携带之不易、保管之困难、成本之高，自然难以满足人们对簿记功能的多样化要求，并难以承载簿记报告的数据格式化的表达方式。东汉和帝元兴年（公元105年），蔡伦在总结前人制造丝纺织物经验的基础上，发明了用树皮、破布、麻头等制造植物纤维纸的技术。魏晋南北朝，造纸技术得到了广泛的传播，簿记的记录载体便逐渐由纸所替代，这无疑是簿记硬件技术的巨大进步。纸的发明与使用，使簿记的记录载体变得使用方便、书写快捷、易于保管，从而为架构科学、合理的簿记核算体系提供了必要的硬件技术支持。南北朝至隋代，账簿的设置开始从“两账”向“三账”演变，簿记报告开始从文字叙述式向数据组合式转化，这无疑与纸的使用密切相关。

会计硬件技术对会计软件技术的影响是不容低估的，正如算盘所代表的只能是手工会计时代，计算机所代表的则是电算化会计时代。

6.3 复式簿记技术

6.3.1 复式簿记技术的产生

应该说，在单式簿记中已经包含了复式记账的因素，只不过这种复式记账因素尚处于潜在状态，未现实地表现出来罢了。如前所述，在进行单式簿记核算时，对每项物品的收入，既要记录收入的数量，又要说明收入的来路；同样，对每项财物的支出，既要记录支出的数量，也要说明支出的去向。这种对财物收支来龙去脉的反映，无论是从预算管理的角度，还是从保护财产安全的角度，其必要性都是不容置疑的。按单式簿记记账方法处理的财物收支业务，如果按照复式记账规则分别设置收入与支出账户的话，同样可以做成复式记录。然而，为什么自然经济形态下的单式簿记没有向复式簿记转变呢？笔者认为，这无疑与对会计业务经济合理性的考虑相关。既然运用单式簿记技术和复式簿记技术都能达成既定目的，又有什么必要运用成本较高的复式簿记技术，而不运用成本较低的单式簿记技术呢？

关于复式簿记的发祥地，其说不一。就复式簿记的运用而言，对世界影响最早、最大、最广的无疑是意大利的借贷复式簿记。帕乔利被誉为现代簿记学的奠基人，其著作《数学大全》于 1494 年面世。《数学大全》中有关复式簿记实务的阐述主要源自 15 世纪末威尼斯的复式簿记实务。为什么借贷复式簿记会产生于十二三世纪的意大利，在笔者看来，则与以下三大因素相关：

第一，意大利国际贸易的发展。

在自然经济的条件下，经济体处于封闭的状态，极少与外界联系；在简单商品经济的条件下，交易完成了，经济体之间的关系也就结束了。无论是上述何种情形，采用单式簿记技术均可满足会计核算的要求。

十字军东征开辟了一条西欧与近东贸易往来的通道，这种新的贸易促成了长达 300 年的商业革命。热那亚、威尼斯等意大利城邦因特殊的地理位置而成为连接欧洲和近东贸易的中继地，意大利不仅成为当时从事东西方贸易的商人的聚集地，还成为国际金融中心。十字军东征在意大利引发的商业繁荣，既不是店铺林立的街市或乡音喧闹的集市，也不是邻里乡亲之间一手钱一手货的小买卖，而是纵横欧亚大陆、远播海外、大宗大额的国际贸易。大宗大额国际贸易的发展，必然使贸易各方处于由财产权能的转移和商业信用、银行信用的发生所形成的往来关系、经济利益关系的网络之中，因而贸易各方不仅需要反映财富的增减变化，还要反映往来关系、产权关系的变化。而能够全面、充分、简明、便捷地反映此类关系及其变化的显然是复式簿记，而不是单式簿记。正是在这种意义上，迈克尔·查特菲尔德指出：意大利的“复式簿记是伴随着十字军东征（1096—1291 年）和后来地中海贸易的繁荣而诞生的。”①

第二，意大利商业与金融业的密切关联。

① ［美］迈克尔·查特菲尔德：《会计思想史》，立信会计出版社 2017 年版，第 35 页。

当时意大利的商业与金融业还有一个重要的特点，就是二者的业务关系十分密切，主要表现在商业交易活动对银行的依赖。如前所述，当时的意大利商人大量从事的是远程国际贸易。对该类贸易活动来说，交易双方通过银行办理转账结算无疑是最便利、最安全的货款结算方式。12 世纪末至 13 世纪初，随着工商业的进一步发展，客户与客户之间的银钱交割业务随之增加。银行从客户亦从自身的角度考虑，开始受理转账过割业务。处理转账过割业务时，银行需要全面反映客户之间债权债务关系的变化。比如，当甲客户委托银行将款项转给乙客户时，银行既要在甲客户账页的借主地位进行记录，同时也要在乙客户账页的贷主地位进行记录，这便导致了借贷复式记账法的产生。而且，商人大量的存取款、货币兑换、货款结算等业务所形成的商业经营活动与银行业务活动的密切关联，还使得商业簿记与银行簿记能够相互借鉴，进而商业簿记以“拟人”的思维方式接受了体现银行业务特点的“借主”“贷主”的记账用语，并将其用于物名账户的记录，借贷复式记账法的运用也就扩展到了商业企业。

第三，古罗马簿记思想和簿记技术的影响。

公元前二世纪，罗马帝国进入了后期的共和时代。掠夺的财富、战争的赔款以及沦为奴隶的战俘源源不断地进入帝国，极大地促进了奴隶制经济的发展，工商业日益繁荣，金融业日趋兴盛。当时罗马贵族的手中掌握了较多的财富，他们既想将这些财富投入高利贷与工商业经营活动中盈利，同时又不想有失高贵的身份及承受由此带来的政治地位沦落的风险，于是，把银钱交易等活动交给有文化的、忠诚于己的奴隶去做，随之便形成了一种特殊的代理人簿记。也就是设置“主人账”“现金账”和“客户账”，运用左右对照式的记账方法反映贵族投资者、代理人与客户之间的债权、债务关系，以文字叙述的方式记录债权、债务的变化。也许有人认为，公元 476 年西罗马灭亡后，上述簿记技术随着罗马的繁荣与文明一起消失在数百年欧洲黑暗的中世纪中了。历史并没有如此绝情。西罗马灭亡后，东罗马改称为拜占庭帝国。查士丁尼一世下令编纂一部汇编式法典，即《罗马民法大全》，使得有关古罗马财产目录的编制与债权、债务业务的簿记处理等法规被保存了下来，从而成为意大利复式簿记产生的一种借鉴。

综上所述，国际贸易及与其相伴随的信用经济的发展是意大利借贷复式簿记得以产生的基础，商业与金融业的密切关联是意大利借贷复式簿记得以产生的条件，古罗马簿记思想和簿记技术是意大利借贷复式簿记得以产生的历史借鉴。正是三者的结合使借贷复式簿记在十二世纪和十三世纪的意大利应运而生。

复式记账法是在单式记账法的基础上发展起来的，然而，由于受所在国家历史、文化、经济、政治、法律等诸多因素影响，其演进的路径却不尽相同。比如中国，官厅会计的记账符号取“入”与“出”，民间会计的记账符号取“收”与“付”，并在民间单式簿记的基础上形成了中国式的复式记账法即“收付记账法”和“同收”“同付”“有收有付”的记账规则。由于“收”与“付”还不是真正意义上的记账符号，故“收付记账法”最终被借贷复式记账法所取代。

6.3.2　复式簿记技术的构成及其变动

6.3.2.1　簿记要素

会计要素作为现代会计术语，是对会计对象进行基本分类而形成的会计核算项目的统称。簿记要素借用现代会计术语，即指簿记核算的基本项目。簿记要素是账户设置的依据。

从意大利复式簿记产生与演进的过程看，最早进入复式簿记要素之列的，应该是银行簿记中的“债权”与“债务”，即银行簿记中的人名账户。佛罗伦萨早期（1211 年）银行的部分簿记资料表明，除人名账户外，不存在其他账户。佛罗伦萨的萨佩鲁齐银行

（1300—1345 年）在其 1337 年的总账中已设置了收入、费用和损益账户，还有合伙人出资金额的记载（银行的合伙协议规定决算期内合伙人不得变更资本），不仅债权与债务，收入与费用也已成为银行簿记的核算要素。

在商业企业方面，1206—1305 年，佛罗伦萨的里尼埃罗与巴尔多·非尼兄弟商店，在其总账中设有商品贸易的虚账户、个人往来账户、小额费用账户和物名账户，其中物名账户还设有鞋帽、被褥、杂货等项目。威尼斯的多拉多·索兰佐兄弟商店的账簿资料有新旧两套，其中 1406—1434 年的账簿被称为“新账”。新账设有商品账、人名账、资本账和损益账。威尼斯的安德烈亚·巴尔巴里戈商店 1430 年至 1482 年记有三册账簿，账簿中设有人名账、物名账、费用账、损益账和资本账。

6.3.2.2 账簿设置

就账簿设置而言，从佛罗伦萨银行 1211 年部分核算资料来看，只设有记录债权债务的账簿，即“人名账”。1206—1305 年，佛罗伦萨的里尼埃罗与巴尔多·非尼兄弟商店初步设置了日记账、分录账和总账。热那亚市政厅 1340 年的财务官记录的账簿已有日记账、分录账和总账。威尼斯的安德烈亚·巴尔巴里戈商店 1430—1482 年的账簿资料表明，日记账、分录账、总账的设置已完备，账簿体系已形成。帕乔利的会计制度就是以日记账、分录账和总账这三种账簿为基础的。

6.3.2.3 计量尺度

当时意大利的经济舞台上最活跃的主角是银行业主与商人。银行业主与商人尽管从事着不同的经营活动，但追求的目标都是盈利。为了计算盈亏，货币是唯一的尺度。意大利许多城邦都发行了自己的货币，这样便存在一个货币换算问题。其具体做法是，首先按业务发生时的货币及货币单位在日记账中记录经济业务，然后将其金额换算成统一货币的金额，再向分录账结转。除以货币作为统一的计量尺度外，还使用实物计量尺度核算商品等实物财产，当时的商品等物名账户就是同时运用货币与实物两种计量尺度的。

6.3.2.4　记账方法与记账符号

佛罗伦萨的银行早期主要从事的是存款业务。当时存款业务的核算采用的还是单式记账法。客户存款按客户名立账，一个客户一张账页，账页分为上下两个记账“地位”，上为“借主”地位，下为“贷主”地位。以文字叙述的方式记录经济业务：客户存款时，在账页的贷主地位进行记录；客户提款时，在账页的借主地位进行记录。依现在记账的含义，客户存款时，银行只反映债务人及债务的增加；客户提款时，银行只反映债务人及债务的减少。两笔业务处理采用的都是单式记账法。

历经一个漫长的过程，账页结构逐渐由上下两个记账地位的垂直式排列演进为左右对照式排列。1206—1305 年，佛罗伦萨的里尼埃罗与巴尔多·非尼兄弟商店的账簿账页结构仍然是“垂直式”，所不同的是借方账户在前 50 页，贷方账户在后半部分，以便经济业务较多时，可在一个记账地位上连续记录。这种账页的安排可视为账页结构从“垂直式”向“左右对照式”转变的一种过渡做法。佛罗伦萨萨佩鲁齐银行 1337 年的账簿账页格式已采用左右对照式，热那亚市政厅 1340 年的账页格式也已采用左右对照式。

从威尼斯的安德烈亚·巴尔巴里戈商行 1430—1482 年的账簿资料中可以看到，在处理分录账往总账的结转业务时，总账上已表明对应账户，分录账上标明了往总账结转的过账页码。借方和贷方分别以用语“Per”和“a”区别开来，金额记入右侧的空白栏。可见，当时意大利的复式簿记业务记录方式，尽管还未摆脱文字叙述式，但文字叙述式的业务记录方法已有所改进。

6.3.2.5　核算程序与结账方法

在日记账、分录账与总账等三账设置完备的情况下，日记账为原始记录账簿，在经济业务发生时按业务发生的顺序采用文字叙述式加以反映。日记账的记录要转入分录账。分录账由文字叙述式的借方和贷方以及加以说明的段落组成。分录账没有合计，也不存在复式记录，分录账的记录要结转到总账。总账记录采用最简洁的文字叙述式会计记录法，账户科目记在每一页的上部，借方项目和贷方项目分别以用语“Per”和“a”记入账页的左侧和右侧。分录账记录与总账记录经核对无误后，所有的资产和负债账户都应结账，其余额往新账簿结转，费用和收益账户往损益账户结转，再将损益账户的余额往资本账户结转，最后通过结账将资本账户余额记入新账户。

在实际的业务处理上，是没有固定结账期的。威尼斯的安德烈亚·巴尔巴里戈商行的簿记（1431—1449 年）是威尼斯成熟短期冒险簿记最早的范例。帕乔利在《数学大全》一书中所论述的簿记制度，从本质上讲，是与巴尔巴里戈商行相同的簿记制度。从安德烈亚·巴尔巴里戈商行的账簿资料来看，1431 年、1435 年和 1440 年编制了试算表，但直到 1449 年安德烈亚·巴尔巴里戈逝世才结清账簿。他的儿子尼科罗 1456—1482 年记录总账，但结账只是在 1482 年总账记满时一次性进行。帕乔利虽然没有提及财务报表或期间利润的计算，但他鼓励进行年度决算，并以平衡试算表来结束会计循环。

6.3.3 复式簿记技术的影响因素分析

6.3.3.1 货币成为统一计量尺度的根据

货币作为一般等价物，无疑是可以充当各种财物的统一计量尺度的。然而，货币在自然经济体的单式簿记中并未发挥统一计量尺度的作用，只是在商品经济体的复式簿记中才发挥了统一计量尺度的作用。之所以如此，在于商品生产者的目的不是为了获得使用价值，而是为了获取价值，而货币则是对各种财物的价值进行统一计量的唯一尺度。

货币成为复式簿记的统一计量尺度，并不意味着复式簿记可以离开实物计量尺度。这是因为：第一，价值作为凝结在商品中的抽象劳动，只能通过一定种类、一定数量的使用价值表现出来，对商品价值的计量，总是对特定品种、特定数量商品价值的计量，离开了后者就无所谓前者；第二，货币计量值的变动，可能缘自产品实物量的变动，也可能缘自通货膨胀或通货紧缩等因素的变动，货币计量尺度只有与实物计量尺度相结合，才能真实、准确地反映经济活动的效率或效益的变动；第三，从保护财产特别是实物财产安全的角度考虑，最有效的做法就是同时进行财产名目的登记和财产价值的计量与核算。

6.3.3.2　复式簿记核算程序的影响因素

进行会计核算所要获得的最终成果——簿记报告，不仅是单式簿记核算程序的决定性因素，还是复式簿记核算程序的决定性因素，在此不再赘述。这里要指出的是，能够对复式簿记核算程序产生重要影响的企业规模因素与信息处理方式因素。

输出数据的时效，是会计信息系统运行所面对的一个至关重要的问题。为了提高会计输出数据的时效，就必须选择适当的登记总账的凭证，以加快账务处理的速度。因为不同规模的企业所适用的登记总账的凭证有所不同，从而会计核算程序也会存在差异，所以“企业规模”这一因素就会通过登记总账凭证的选择而对会计核算程序产生影响。比如，在手工复式簿记的方式下，小企业、微企业采用的是记账凭证核算程序，中型企业采用的是科目汇总表核算程序，大型企业采取的是汇总记账凭证核算程序。

会计信息处理方式对会计程序的影响同样不容忽视。由于电算化会计取代手工会计，原来仅适用于小企业、微企业的记账凭证核算程序已经被大中型企业普遍采用。这无疑是在会计技术与现代网络信息技术相融合的条件下的复式簿记核算程序的一种更高层次的“回归”。

6.3.3.3 复式簿记硬件技术的影响因素

复式簿记软件技术的面貌受制于复式簿记硬件技术的水平，复式簿记硬件技术的水平则取决于科学技术的水平。20 世纪中叶以来，网络信息技术的巨大进步不仅在其他领域结出了硕果，在会计领域也结出了硕果。传统的复式簿记硬件技术发展到现代的复式簿记硬件技术，磁带、磁盘、微缩胶片等电子记录载体取代了纸质记录载体，计算机、中央处理器等电子的信息处理工具取代了算盘、计算器等手工的信息处理工具。在现代网络信息技术的支持下，会计信息的手工处理方式正在加速向电算化处理方式转变，模拟会计数据时代正在大踏步向数字化会计数据时代跨越。

第 7 章

会计规范化与财务会计的形成

会计作为一种历史现象，历经了不同的发展阶段，呈现出不同的存在形态。现代财务会计由古典企业会计发展而来。现代财务会计相比古典企业会计具有何特点，为什么具有这样的特点，其职能发生了何变化，为什么会发生这样的变化，这既是会计的理论问题，又是会计的实践问题。本章旨在探明古典企业会计演变为现代财务会计的依据和环境，并试图厘清现代财务会计与古典企业会计的联系与区别。

7.1 古典企业、古典市场体制与古典企业会计

7.1.1 古典企业会计与传统会计辨析

“现代财务会计是在传统会计的基础上发展起来的”，这一观点似乎已成国内外会计学界的共识。然而，对此笔者不敢苟同。原因在于：“传统会计”是一个相对“现代会计”的概念。

将“传统会计”视作现代财务会计的基础似乎失之宽泛。按照基于生产方式视角的人类历史的分期，“现代”应该始自 18 世纪与 19 世纪之交的以机械生产体系的出现为标志性成果的第一次工业

革命。如果将第一次工业革命以来的与机械生产方式相关联的会计活动纳入“现代会计”范畴的话，那么存在于第一次工业革命之前的与手工生产方式相关联的会计活动则均属于“传统会计”的范畴。

具体地说，“传统会计”活动源远流长，既包括新石器时代的对原始农业与原始畜牧业的计量与计算活动，也包括奴隶社会、封建社会的官厅会计与民间会计活动，还包括资本主义社会初期的古典企业会计活动。然而，作为现代财务会计发展基础的“传统会计”，是指传统会计的总和呢？还是指特定阶段的传统会计？如果是指特定阶段的传统会计，是指奴隶社会、封建社会的官厅会计或民间会计呢？还是指资本主义社会初期的古典企业会计？对此，“现代财务会计是在传统会计的基础上发展起来的”这一观点并未给出明确的界定，从而也就无法使人们获得对现代财务会计发展基础的中肯的理解。

笔者认为，作为现代财务会计发展基础的不是称谓不明、边界不清的“传统会计”，而是资本主义社会初期的古典企业会计。下面，便从有关古典企业、古典市场体制、古典企业会计的角度分析切入，进而对现代财务会计的形成及其与古典企业会计的区别进行探讨。

7.1.2 古典企业及其特点

古典企业亦称“业主制企业”，就其本质而言，隶属于“资本雇佣劳动”的范畴。追溯古典企业的起源，在古埃及和古罗马时代就有了该类性质的经济组织。而该类性质的经济组织作为一种普遍的企业组织形式存在，则是资产阶级革命之后的事情。17 世纪 40 年代，英国爆发了资产阶级革命并取得胜利。继英国资产阶级革命之后，18 世纪后半期的美国与法国，19 世纪中叶的德国、俄国与日本，均经历了不同形式的资产阶级革命，进入了自由竞争的资本主义阶段。古典企业，即指处于自由竞争资本主义阶段的企业。

古典企业制度是一种企业所有者的集权制度。这种企业制度是与资本主义初期的社会生产力水平相适应的。众所周知，直至 18 世纪后半叶蒸汽机技术进入实用阶段以前，人类的物质资料生产还基本是手工操作方式，人类的物质资料生产能力还主要取决于劳动者的劳动能力。尽管人类也发明了一些诸如纺织机等机械类装置，但这些机械装置大多仍要靠人力、畜力来驱动。人们在某些场合也会利用纯自然状态的水力和风力，却不足以改变以手工操作为主的物质资料生产格局，17、18 世纪企业的生产组织形式仍主要是手工工场。当时企业的情形，如高德步、王珏在《世界经济史》一书中所言："重商主义式的国家干预减轻以后，企业处于自由竞争的市场经济条件下，这时，企业基本都是单一单位，在这种企业内一个或少数几个所有者在一个办事处内经营其农场、商店、工厂、银行或运输公司。企业独立地生产、独立地销售，市场机制作为最有效的方式把成千上万的经济活动联系起来。"①

具体地说，古典企业主要具有以下特点：

第一，手工作坊式运作，经营规模小，生产经营的产品品种单一，产品销路狭窄，经营管理者主要凭借经验从事经营管理活动，可以比较有效地发现和监管员工的偷懒行为。

第二，资本投入少，企业的资本或为业主的个人资本，或为家族资本，或为合伙资本。企业的所有者就是企业的经营者，企业的所有权、经营权、剩余索取权三权合一。资本所有者的目标也就是企业经营的目标。古典企业的这种产权结构被称为"单一产权结构"。

第三，企业组织结构简单，不存在层级管理，生产经营决策权、人财物支配权高度集中于企业主。

第四，企业的所有者承担企业的全部风险，一旦企业陷于破

---

① 高德步、王珏：《世界经济史》，中国人民大学出版社 2016 年版，第 263 页。

产，企业的所有者对负债承担无限清偿责任。

这里还要指出的是，在资本主义社会初期，除古典企业这种占统治地位的企业组织形式以外，还出现了前面曾谈及的“康孟达”这一新企业组织形式的萌芽。15 世纪末的西欧，一方面，圈地运动和庄园制的瓦解导致大批自由民失去生产资料；另一方面，大航海时代的到来与海外市场的急剧扩大，出现了亟待扩大企业规模的资本家。在这一背景下，康孟达这一依照相关商事契约进行商业合伙的组织形式出现在地中海沿岸诸城市。康孟达组织的特征是：资本家出资但不参加营业活动，航海者则运用自己的设备从事营业活动；发生亏损时，航海者承担无限清偿责任，资本家则只在出资范围内承担有限清偿责任。这种企业组织形式最初盛行于海上贸易，后来逐渐拓展到陆上贸易。这一组织形式既是对合伙制企业的发展，也是现代股份制企业的前身，是古典企业制向现代企业制的一种过渡形式。

7.1.3 古典市场体制及其特点

与古典企业制度相关联的是古典市场体制。18 世纪下半叶至 20 世纪初叶，古典经济学理论对西方资本主义国家的政治、经济生活产生了重大的影响。1776 年，古典经济学的代表人物亚当·斯密出版了他的代表作《国民财富的性质和原因的研究》。在该书中，他分析了自由竞争的市场机制，认为自由竞争的市场机制是一只支配着社会经济生活的“看不见的手”；反对国家干预经济生活，提出自由放任原则；分析了国民财富增长的条件和促进或阻碍国民财富增长的原因。古典经济学派主张实行经济自由主义，相信市场这只“看不见的手”能够自动调节经济运行，可以把个人利己行为引入增加国民财富和社会福利的轨道。

具体地说，作为古典企业生产经营运行外部环境的古典市场体制主要具有以下特征：

第一，奉行自由放任的经济政策，政府不直接干预经济生活，经济运行由市场机制自发地调节。

第二，政府在社会经济生活中只是充当“守夜人”的角色，致力于法制建设，保护私有财产不受侵犯，为自由竞争创造一个公平、公正的环境，保障市场机制充分地发挥作用。

在20世纪30年代之前，西方各主要市场经济国家基本实行的是古典市场体制。应该说，古典市场体制与古典企业制度是相互依存、相互匹配、相互适应、互为表里的。一方面，因为古典企业经营规模小，数量众多，任何一家都不可能形成对市场的垄断，市场才得以处于自由竞争的状态；另一方面，因为存在着自由竞争的市场体制环境，古典企业的经营活动才能够展开，古典企业制度才得以维系。

7.1.4 古典企业会计及其特点

古典企业组织作为古典企业会计的主体，古典市场体制作为古典企业会计活动的外部环境，共同影响着古典企业会计的存在，并使之具有以下主要特点：

第一，会计活动以满足企业内部经营管理的需要为目的。

如前所述，古典企业的产权结构为单一产权结构，企业的资本或为业主的个人资本或为家族资本或为合伙资本，企业的所有者就是企业的经营者。因为不发生发行股票、债券进行社会融资的行为，因而也就不存在分散在社会上的、需要了解企业经营与财务状况的股东、债权人等外部利益相关者，会计也就无须向外部提供财务报告或其他会计信息。换言之，古典企业进行会计核算只是为了满足企业自身的经营管理、监督财务收支、保护财产安全等需要。因企业内部的资本结构及外部的经济关系均比较简单，故相比反映财务状况的资产负债表，企业经营者更加重视反映企业经营状况的损益表。

第二，不存在中间层级的会计主体。

既然古典企业经营规模小，组织结构简单，实行一统到底的管理体制，也就不会存在中间层级的会计主体。在古典企业内部也可能会设置“工头”“监工”之类的人员，但该类人员所履行的既不是中间层级经营管理者的职责，也不是中间层级会计主体的职责，而是企业老板赋予的对一线员工的监督职责。从理论上讲，尽管也可以采用会计手段对一线员工实施消耗材料、耗用工时等方面的监督，但就古典企业而言，采用会计手段，远不如采用业主直接监视或工头现场监工或计件工资等非会计手段那样有效、便捷与经济。

第三，可以自主确定会计核算内容和自行选择会计核算方法。

既然古典企业的资本不具有社会资本的性质，也就不存在政府或社会组织为了维护利益相关者的利益而对该类企业的会计核算内容、方法、程序进行规范的必要。为了确保国家税收人的权益，政府必须对企业的纳税行为进行规制，然而，对于经营规模小、经营业务单一、应纳税额确认方法简单的古典企业来说，这种规制通过相关法律法规便可实现，而无须采用对企业的会计核算内容、方法与程序实施干预的方式。简言之，古典企业可以针对自身的需要和特点自主确定会计核算的内容，自行选择会计核算的方法与程序，其会计活动具有宽松的外部环境。

7.2 现代企业、现代市场体制与现代财务会计

7.2.1 现代企业组织及其特点

资本的增殖性决定了资本的扩张性。在古典企业阶段，相对低下的科学技术水平限制了企业规模的扩大及资本的扩张。18 世纪下半叶，蒸汽机技术被实际应用于物质生产领域，标志着人类已经可以支配蒸汽力这样一种大大超过自身力量的力量。蒸汽力适用范

围之广，对物质资料生产推动之大，远非劳动力、畜力及人类当时所能利用的水力和风力所能比拟。正是这种强大的力量，突破了相对低下的科学技术水平对人类的物质生产领域、企业的经营规模及资本扩张的狭隘限制，加速了西方市场经济国家的工业化进程，推动着以手工操作为主的物质资料生产方式快速向以机械操作为主的物质资料生产方式转变。

19 世纪上半叶，英国基本完成了工业革命。继英国之后，欧美主要国家相继进行了工业革命。在第一次工业革命取得巨大成就的基础上，19 世纪 50—60 年代，欧美各国普遍经历了一次经济发展高潮。在这次经济发展高潮中，由铁路交通业这一火车头引领的新兴重工业成为世界经济舞台的中心。19 世纪 40 年代，全世界的铁路增加了 3 万公里，19 世纪 50 年代，全世界的铁路增加了 7 万公里，1865—1875 年，全世界的铁路增加了 15 万公里。铁路建设极大地刺激与拉动了冶金、采煤、机械等重工业的发展。人类社会告别古典企业时代，开始步入现代企业时代。19 世纪下半叶，第二次工业革命拉开序幕，美国的石化工业和德国的化学工业迅速崛起，炼铁、机器制造、化工、交通及通信业等一跃成为主导产业，加之电力利用和福特生产流水线的推波助澜，现代企业纷纷涌现，现代企业组织更加完备、更趋成熟。

相比古典企业，现代企业具有以下两大突出特点：

第一，企业经营规模大幅扩张。

小艾尔弗雷德·钱德勒指出："铁路与电报提供了迅速、定期及可靠的运输和通信方式，这对于大规模生产与分配来说是必不可少的。"只要企业行政协调机制比市场协调机制在资源配置上更有效率，企业行政协调这只"看得见的手"就会取代市场协调这只"看不见得手"，企业就会继续扩张。[①] 也就是说，第二次工业革命

① 小艾尔弗雷德·钱德勒：《看得见的手——美国企业的管理革命》，商务印书馆 1987 年版，第 90 页。

为企业经营规模的扩张创造了技术条件，降低市场交易成本的意愿和对规模经济的追求则为企业经营规模的扩张提供了内在动力。伴随着经营规模的大幅扩张，企业不再局限于生产经营单一的产品或单一的产品系列，而是可以同时生产经营多种产品或多个产品系列；企业的空间布局不再局限于一隅，而是可以将其触角延伸至多地多处；企业不再是作坊式、小批量生产，而是流水线、大批量生产；企业产品的销售地域不再狭小，跨地域销售成为常态。

第二，资本所有权与经营权分离。

如果说，现代生产技术是企业经营规模得以大幅扩张所需具备的物质条件的话，那么，资本在企业的大量积聚则是企业经营规模得以大幅扩张所需具备的财力条件。按照马克思主义政治经济学的观点，实现资本积聚有资本积累和资本集中两种方式。资本积累虽然可以加大社会资本总量，资本在企业的积聚速度却比较缓慢；资本集中虽然不会改变社会资本总量，资本在企业的积聚速度却十分迅速。

实现资本集中又有市场竞争优胜劣汰和发行股票或债券进行社会集资两条路径。通过发行股票或债券进行社会集资，无疑会导致资本所有权与经营权的分离。因为无论是股票还是债券，都是持有人凭借资本所有权享有剩余索取权的证明，而要获得这种剩余索取权，无例外都要以让渡资本经营权为前提。

现代企业的资本所有权与经营权的分离，不仅出自企业发行股票、债券以迅速进行资本大规模积聚的需要，还出自提高企业经营管理水平和效率的需要。企业生产经营规模的大幅扩张、生产经营业务的日趋复杂、生产经营环节的细化所带来的生产经营链条的延长，必然要求经营管理者具有更强的经营决策与经营管理能力，必然要求形成一个具有较高文化素养、职业素养、专业素养，能够适应企业经营管理多层次、多方面、多环节需要的经营管理团队。在资本所有者同时又是企业经营者的场合，囿于作为资本所有者的个人或家族或合伙人的知识、专业、观念、视野、能力的局限，上述要求显然难以得到满足。

在发行股票、债券进行资本大规模积聚和提升企业经营管理能力双重需要的推动下，打破资本所有权与经营权合一的格局，代之以资本所有权与经营权分离的格局便成为历史的必然。于是，股份公司便取代业主制企业与合伙制企业登上了历史舞台，成为大中型企业组织的基本形式。股份公司的产生，一方面意味着资本突破了私有制的限制，开始具有社会资本的性质；另一方面意味着投资者对债务的无限清偿责任转化为有限清偿责任，从而降低了投资人的投资风险。在典型的股份制企业中，资本的所有权由投资人掌握，资本的经营决策权由公司董事会控制，资本的经营管理权则由公司的经理层行使，古典企业的单一产权结构转化为现代企业的基于委托—代理制的多元产权结构。当时最具典型性的是铁路行业。铁路公司的资本投入是巨大的，只能采取社会募集的方式来筹集。1850 年以后，美国的一批巨型铁路公司的资本额已达数千万美元至 1 亿美元之巨。铁路公司在产生之初便具有现代企业的性质。

7.2.2　现代市场体制及其特点

19 世纪中叶至 20 世纪初叶，在西方资本主义国家遵循自由放任的原则，将社会经济运行交给市场这只“看不见的手”去自动调节，政府则扮演着“守夜人”角色的期间，一场旷日持久、空前严重的世界性经济危机也正在积蓄、孕育之中。经济危机爆发之前，华尔街股市在严重的市场操纵和内幕交易之中持续了 7 年的繁荣。美国的商业银行在利润的诱惑下除经营存贷款业务外，同时经营代客户买卖证券或自营证券业务。银行的短期资金大量进入证券市场，一方面造成证券市场的虚假繁荣和股票价格的空前高涨；另一方面导致资产流动性降低，财务风险激增。银行信用和分期付款运用的泛滥，则进一步放大了生产过剩和有效需求的矛盾。

持续5年之久的世界性经济危机首先在美国爆发。1929年10月24日，纽约股市发生了空前的股票抛售风潮。接踵而来的便是银行倒闭、企业破产、生产下降、工人失业。大危机迅速从美国蔓延至整个资本主义世界。到1933年，资本主义世界的贸易额缩减到1919年前的水平，工业水平下降超过40%，失业率高达25%，损失总计2 500亿美元，比第一次世界大战期间遭受的物质损失还多800亿美元。

经济危机极其严酷的事实打破了依靠自由竞争的市场体制可以自动实现资源配置的帕累托最优状态的神话，表明自由放任的市场经济体制已经走到了尽头。人们开始意识到已经凸显或正在凸显的市场垄断、经济外部性、公共物品供给、贫富差距与失业、信息不对称等一系列“市场失灵”的问题，美国、英国、法国等纷纷为挽救危机加强了国家对经济的干预和调节，现代市场体制迅速生长与壮大，并以“凯恩斯革命”为里程碑，宣告了对古典市场体制的胜利。

相比古典市场体制，现代市场体制主要具有以下特点：

第一，自由竞争市场转变为垄断竞争或寡头垄断市场。伴随着一批批现代企业的诞生与壮大，现代企业取代古典企业成为社会经济活动的主体，自由竞争的古典市场丧失其存在根据，而让位于垄断竞争市场或寡头垄断市场。

第二，从单一的市场调节机制转变为市场调节机制与政府干预相结合的混合调节机制。在垄断竞争市场或寡头垄断市场中，那些生产经营规模巨大的企业，举手投足便可能改变市场的供求格局，进而左右市场价格的走势。尽管价格机制对社会经济的运行仍然发挥着调节作用，但这种调节作用已经受到很大限制，单凭价格机制已无法实现资源配置的帕累托最优状态。伴随着自由竞争市场转变为垄断竞争市场或寡头垄断市场，单一的市场调节机制也就代之以市场调节机制与政府干预相结合的混合调节机制。在这种混合调节机制下，政府放弃了长期坚守的“自由放任”政策，一方面通过制定国民经济中长期发展规划等引导企业的投资方向，另一方面通过利率、汇率、税率的变动和债券买卖等紧缩的或扩张的货币政策、财政政策影响企业的投资决策，承担起了对经济运行实施间接调控的责任。

第三，政府承担起公共物品的供给职责。现代经济的发展，不仅凸显了单一市场价格调节机制的局限性，而且暴露了古典市场体制无法解决经济的外部性、公共物品供给、贫富差距与失业、信息不对称等问题的局限性。人们清醒地认识到，经济的外部性、公共物品供给、贫富差距与失业、信息不对称等一系列问题只能靠政府来解决，而不能靠市场来解决。在现代市场体制下，政府一方面借助税收、补贴、转移支付等财政手段解决收入差距、贫富差距、城乡差距、地区发展差距、通胀、失业等社会问题；另一方面则承担起公共设施、基础平台、基础理论研究、尖端技术研究、义务教育、公共教育、医疗保险、养老保险、社会保障、社会管理、生态环境维护、国家安全等公共物品的供给职责。

第四，政府依法规制企业的经济行为。政府通过制定公司法、税法、合同法、劳动法、反垄断法、消费者权益保护法等一系列法律法规，规制企业的经济行为，以保护投资人、债权人、企业员工、供应商和消费者的合法权益；通过建立健全财产制度，以保护所有者的财产安全；通过建立健全市场经济制度和经济审计与经济督查制度，以维护正常的市场经济秩序和社会经济秩序。

7.2.3　会计规范化与现代财务会计的产生

古典企业组织向现代企业组织、古典市场体制向现代市场体制转变的过程，也就是古典企业会计向现代财务会计演变的过程。现代企业组织的产生为现代财务会计的形成提供了内在根据，现代市场体制的形成则为现代财务会计的产生创设了外部环境。具体说来，现代财务会计就是国家或社会为了保护现代企业相关利益者的权益和维护正常的经济秩序而对现代企业的会计行为进行必要规范的产物。

7.2.3.1 会计规范化的维度

这里所谈的会计规范化，特指对会计确认与计量行为亦即会计核算行为的规范化。透过历史上会计规范化的种种表现，不难看到，会计规范化是国家或社会在会计活动领域对经济体的经济活动进行规范与干预的一种反映。

按照规范化的空间维度的不同，笔者认为，可将会计规范化分为两类：一是横向的会计规范化；二是纵向的会计规范化。横向的会计规范化，存在于财产所有权与使用权或资产的所有权与经营权分离的场合，体现为财产所有权对使用权或资产所有权对经营权的制约作用，旨在维护所有者的合法权益。纵向的会计规范化，则存在于国家（或社会）与微观经济组织之间，体现为国家整体利益对局部利益或社会群体利益对个体利益的主导作用，旨在维护国家整体的利益或社会群体的利益。

横向的会计规范化主要包括两种情形：

一是由委托代理关系推动的会计的规范化。在商品委托销售或财产委托管理或资产委托经营中所形成的委托方和受托方（或代理方）都具有相应的权利与义务，双方的合法权益无疑都应该得到保护。然而，由于双方信息的非对称分布，即受托方相比委托方掌握更多的信息，致使委托方的利益相比受托方更易受到侵害。为了保护委托方的合法权益不受到侵害，便需要借助法律等手段对会计的行为进行规范，比如，规定作为登录账目依据的原始凭证必须合法、合规，以确保会计信息的真实性、准确性。

二是由借贷关系所推动的会计的规范化。在人们的经济交往中，最易发生的经济纠纷是与借贷行为相关的经济纠纷。为了保护借贷双方的合法权益，民法法典或民法通则对借贷凭据均有明确的规定。

纵向的会计规范化主要包括三种情形：

一是旨在加强国家预算管理的会计规范化。国家的预算管理体系，具体展开为依据经费拨付关系所形成的总预算单位、二级预算单位、基层预算单位的层级预算管理关系。上一层级预算单位对下一层级预算单位的预算管理必须严格按照国家的预算管理制度来进行。中国的预算会计制度由国家财政部负责制定，包括《财政总预算会计制度》《政府单位预算会计制度》《事业单位会计准则》和《事业单位会计制度》。美国设有“联邦会计准则咨询委员会”（FASAB）和“政府会计准则委员会”（CASB），前者负责联邦会计准则的制定，后者负责州和地方政府会计准则的制定。

二是旨在加强国家税收管理的会计规范化。企业缴纳的流转税以销售额、营业额为计税依据，企业缴纳的所得税则以应纳税所得额为计税依据。为确保计税依据计算的规范与统一，税法中对销售额、营业额及应纳税所得额等计税依据的计算均有明确的规定。

三是旨在加强国有企业管理的会计规范化。国有企业是国家拥有所有权或控制权的企业，包括国有独资公司、国有控股公司和国有参股公司。国家投资企业的目的，是为了使企业的行为体现国家的意志和实现国家的利益。为了保障国家意志与国家利益的实现，国家就必须借助会计信息对国有企业经营管理者的经营绩效和国家利益的实现情况进行评价。为了确保会计信息真实性、准确性、有效性、及时性，国家有必要对国有企业会计的核算内容、核算方法、核算程序、会计报告等予以规范。比如，美国的国有企业除接受政府机构的监管之外，还要接受国会的监督，国有企业每年要向议会提交年度会计报告，国会则要听取企业的年度报告，监督和审核国有企业的经营状况。再比如，新中国成立后，为了规范国有企业的会计核算工作，1949 年 11 月 1 日财政部下设会计制度处。同年 12 月，会计制度处改为会计制度司，负责全国的会计制度的建设与管理工作。1950 年颁布了《全国贸易系统暂行会计制度》《中央重工业部所属企业及经济机构统一会计制度》。1952 年之后，《商业会计制度》《对外贸易会计制度》《各级供销合作社统一会计制度》等分行业的会计制度相继出台，分部门、分行业的国有企业会计制度逐步形成与完善。

7.2.3.2 有关会计规范化的历史考察

会计规范化的现象，既存在于现代社会，也存在于古代社会。

会计规范化萌发于舜禹，经周代制度化，汉代称为“上计律”，并为后世帝王所仿效的“上计制度”，既是一种会计报告的呈报和审理方式，也是一种帝王考核官厅部门及地方官吏政绩的方法。上计时呈报的文书，包括经审核的反映财政收支、钱谷出入、户籍、田地等情况的报告。有关财政收支的核算内容和呈送的报表项目，都要按规定、按要求核算和呈报。

迈克尔·查特菲尔德在《会计思想史》一书中就古埃及法老收入的核算谈道：“按照规定，一个官吏的记录必须与其他官吏的记录相一致。记录官登记的会计账簿须由仓库监督官加以检查，如有严重的违法行为则以断肢或死刑处之，因而会计记录的准确性是值得信赖的。”①

法兰克查理大帝有关其庄园的收支与财产的管理及核算工作的规定是极为明确和严格的。公元 812 年，查理大帝颁布了著名的《庄园敕令》。其中，第 70 条详细地规定了庄园部门的设置、组织方式和生产、财产的管理办法。第 62 条，查理大帝命令庄园的每个管理员务必在圣诞节前将全年的收支情况分类列账，井井有条地向他报告，使他知道各种财产的数目。

现代各国的政府预算会计也都是在专门的法规制度的约束下开展工作的。比如，中华人民共和国于 1949 年 10 月成立，1950 年财

---

① ［美］迈克尔·查特菲尔德：《会计思想史》，立信会计出版社 2017 年版，第 6 页。

政部便颁发了《各级人民政府暂行总预算会计制度》和《各级人民政府暂行单位预算会计制度》。对总预算会计和单位预算会计的会计科目、核算基础和记账方法均有明确规定。

应该指出的是，奴隶社会与封建社会的民间会计、资本主义社会早期的古典企业会计，则与官厅会计或国家的预算会计有所不同，它们一般可以根据自身的需要与特点自行确定核算程序与核算方法，很少受到外界的干预。当然，规范、调整财产关系及经济行为的物权法、经济法等法规，对民间会计活动也会产生影响。比如，古巴比伦王国国王汉谟拉比当政时（约公元前 1792—公元前 1750 年）制定了《汉谟拉比法典》。这部刻在黑色玄武岩石柱上的法典是迄今世界保存下来的最早的一部成文法典。“该法典要求替商人销售商品的代理商应向商人报送反映价额的契约证书，如果不这样做，契约的实施便失去法律效力。对于每一笔经济业务，即便是最小的交易，亦需起草契约书的当事人和证人署名盖章，这已成为惯例。”① 但这种影响毕竟是间接的，与国家或社会机构对会计活动的直接规范存在显著的不同。

综上所述，现代企业产生以前，会计的规范化主要局限于官厅会计（或国家预算会计）及保护财产安全、维护所有者权益等场合。虽然民间或古典企业的会计活动也会不同程度地受物权法、经济法等法规的约束，但这种约束还不是国家或社会对民间或古典企业会计活动的直接干预与规范。

7.2.3.3　现代企业会计规范化与现代财务会计的形成

如前所述，会计就是要通过对经济活动的投入与产出及其关系的反映与计量，为解决经济活动中的预期结果与实际结果、资源稀缺性与需要无限性的矛盾提供信息支持。在现代企业制度与现代市场体制的形成与发展过程中，围绕着对企业实际经营结果的确认与

---

① ［美］迈克尔·查特菲尔德：《会计思想史》，立信会计出版社 2017 年版，第 5 页。

计量，科学性与经验性、真实性与虚假性、规范性与随意性的矛盾逐渐显现出来并日趋尖锐。为了确保会计信息的科学性、真实性、准确性，现代企业会计的核算内容、核算方法、核算程序便不可避免地被规范化。正是这种规范化，使古典企业会计演变成现代财务会计。简言之，现代财务会计是在现代市场制度环境下国家或社会机构对现代企业的会计核算活动进行必要的干预与规制的结果。

就现代企业典型形式的股份公司而言，资本所有权与经营权的分离，在有利于提高产权运行效能的同时，也无疑使投资人要承担来自两个方面的风险：一方面，行使公司经营管理权的并不是投资人，而是按照契约的规定根据经营业绩的大小获得报酬的经理人员，由于存在道德风险，便无法排除经理人员凭借虚假经营业绩信息攫取不正当酬金的可能性；另一方面，股份公司特别是上市公司的分散于社会上的成千上万的中小股东，一般不具备亲临公司确认经营管理者的经营业绩真实性的条件，从而不可能对公司的代理人和公司的经营活动实施有效监督。经理人员道德风险及其经营业绩信息非对称分布二者的综合，便势必产生投资人合法权益的保护问题。要保护投资人的合法权益，就必须解决在企业经营活动实际结果确认与计量过程中所存在着的科学性与经验性、真实性与虚假性、规范性与随意性的矛盾，以治理资本市场的虚假信息，提高资本市场的信息质量。企业的会计是企业财务状况与经营状况信息的提供者，为了确保会计信息的真实性、增强会计信息的透明度、降低资本市场的风险、保护投资人的合法权益、维护正常的社会经济秩序，有效的途径便是对企业的会计核算内容、核算方法、核算程序进行科学严格的规范，并要求其向社会提供合法、合规的会计报告。

此外，现代企业规模的大幅扩张，特别是垄断经济组织的形成，意味着单一企业对市场控制力的增强和对社会经济运行、社会经济秩序影响力的加大。与古典企业不同，这些大型或巨型企业在受到市场机制调节的同时，也可能会给予市场不可小觑的反作用，甚至成为市场价格的操控者、社会正常经济秩序的干扰者。该类企业向社会所发布的会计信息一旦失真，所造成的损害可能就不仅限于投资人、债权人等相关利益者，还可能通过一系列连锁反应波及国家整体甚至整个社会。为规避上述情形的发生，国家或社会机构无疑必须出台相关的法律法规强制进行社会融资的企业按照有关规定对外提供财务会计信息。

现代企业会计的规范化历经了一个萌芽、发育、成熟的过程。1711 年，为了解决英国政府在参与西班牙王位继承战争中所欠下的大笔债务，经牛津伯爵倡议，通过国会法案成立南海公司。为了取得更多的现金和融通债务，南海公司分别于 1720 年 4 月 14 日、4 月 29 日、6 月 17 日三次向公众提供股票预约认购，总共发行股票 87 500 股。4 月初起，在连续不断的“利好”消息拉动下，面值 100 英镑的股票数十天内便飙升到 1 050 英镑。与此同时，南海公司股票所产生的示范效应使全英所有股份公司的股票都成了投机对象。1720 年 6 月，为了制止各类“泡沫公司”的膨胀和狂热的股票大投机现象，英国议会通过了《泡沫公司取缔法》。随后，投资者争相抛售股票，股价一路下跌，公司纷纷破产。“这次疯狂的股票大投机所带来的最后结果，是 1720 年议会颁布了著名的《泡沫公司取缔法》。”[①] “这项法令不仅否认了所有未经国王或议会赋予法人资格的公司的有限责任，而且成为约束新公司成立的政治手段。”[②]1844 年制定的《公司法》规定，股份公司的账簿须经董事以外的第三者审查。在 1845 年公布的新公司法中还增加了“必要时可以聘请会计师协助办理审计业务”的条款。上述法规的出台，更多地旨在保护债权人的利益，而不是约束公司经营者的行为。

使人们真正意识到现代企业制度下投资人权益保护的必要性和

---

①②　［美］迈克尔·查特菲尔德：《会计思想史》，立信会计出版社 2017 年版，第 92 页。

迫切性的，是20世纪30年代的世界性经济危机。惨痛的事实使人们清醒过来，制定旨在规范会计行为、约束公司经营者、保护公司投资人合法权益的公认的会计准则，被提上了美国政府的工作议程。

1933年和1934年，美国分别颁布了《证券法》和《证券交易法》，设立了证券交易委员会（SEC）。在国会要求证券交易委员会制定会计准则的情况下，证券交易委员会将这项专业性很强的工作交给了当时的美国会计师协会（AIA）。美国会计师协会在1936年成立了会计程序特别委员会（CAP）。1938年会计程序特别委员会进行改组，成为后来的会计程序委员会。美国会计师协会获得证券交易委员会制定会计准则的正式授权后，将这一重任交给了会计程序特别委员会，由此拉开了制定会计准则的序幕，并开创了由民间会计团体制定会计准则的先河。美国会计准则的制定，前后经会计程序委员会、会计原则委员会（APB）和财务会计准则委员会（FASB）三个民间会计团体之手。包括会计程序特别委员会发布的"会计研究公报"、会计原则委员会（APB）发布的"会计原则委员会意见书"和财务会计准则委员会发布的"财务会计准则"及其解释公告等，三者共同构成美国非政府主体的会计准则的主要内容。

进入21世纪，财务会计准则委员会开始对"公认会计原则"（GAAP）体系进行全面整理，于2009年7月完成《FASB会计准则汇编》，使美国会计准则与时俱进，焕然一新。美国会计准则既是美国会计理论研究的重要成果和会计实务的坚实准绳，也为世界各国进行现代会计理论研究提供了丰富的精神食粮，为世界各国制定会计准则提供了重要的依据。

经由会计规范化而形成的现代财务会计，相比古典企业会计，主要具有以下特点：

第一，具有对外提供企业经营与财务状况信息的职责。

如前所述，现代企业发行股票或公司债券进行社会融资，势必在社会上产生大量的股东、大量的债权人、大量的潜在投资人，他们为保护自身的权益必然要求了解企业的财务状况与经营状况，而企业则负有向股东、债权人、潜在投资人提供有关自身财务状况与经营状况信息的义务与责任。而且因为该类企业有可能对资本市场、商品市场、国民经济、区域经济、国家的财政收支、社会的经济秩序、民众的经济生活等产生影响甚至很大的影响，其行为不仅与企业自身的目标、状态相关，而且与国家及社会公众的利益相关，所以还具有向国家、向全社会披露自身财务状况、经营状况信息的义务与责任。简言之，为了保护企业投资人与债权人的合法权益，维系资本市场、商品市场的正常运行，保障正常的社会经济秩序，维护国家与社会公众的利益，进行社会融资的企业必须承担起按照有关法律法规对外提供财务会计信息的责任与义务 。

第二，会计核算活动直接受到国家法律法规的规制与约束。

如前所述，在奴隶社会、封建社会、资本主义社会早期，只存在国家对官厅会计或财政预算会计的核算内容、核算程序与核算方法的直接规范，至于民间会计或古典企业会计则不在被直接规范之列，它们通常可以根据自身的需要与特点自行确定核算内容、核算程序与核算方法，很少受到外界的影响。而现代企业产生后，如前所述，国家不仅通过财经法规强制企业对外提供会计信息，而且对企业核算的内容、方法、程序都进行了明确、严格的规定，以确保企业财务会计信息的真实性、准确性与高度的社会认可度。也就是说，现代企业的会计核算行为是直接受国家规制与约束的，必须严格按照相关财经法规的要求确定会计核算内容、选择会计核算方法与程序。

第三，会计核算活动在科学的理论指导下进行。

古典企业的会计核算活动主要是基于经验而进行的，现代财务会计的核算活动则是在科学的理论指导下采用科学的会计确认与计量的原则与方法进行的。以美国为例。其会计准则的制定与形成过程，也就是会计准则的科学性不断加强的过程。1939—1959 年，美国会计程序委员会着手制定会计原则时，采取的还是一种实用主义的就事论事的态度，其发布的“会计研究公报”只限于对现行会计方法的说明或推荐，缺乏理论指导。1959 年，会计原则委员会接手会计原则的制定工作，开始重视会计原则制定的理论依据。在该委员会公布的“会计原则委员会意见书”中，最具代表性的是 4 号意见书。该意见书既说明了所提出的会计原则的理论依据，又系统地阐述了会计原则的层次性与内在要求。1973 年，财务会计准则委员会接手会计准则的制定工作。在该委员会的公告中有一类为“财务会计概念公告”，该公告的出现标志着美国会计准则的制定已经步入理论指导实践的科学轨道。

第四，财务会计机构的层级化与财务会计信息系统的分化。

如前所述，古典企业实行的是一统到底的经营管理体制，这种体制与古典企业狭小的规模、简单的内外部关系是相适应的。现代企业则不同，其大幅扩张的生产经营规模、高度复杂的内外部业务关系与利益关系，必然要求一个被赋予不同经营管理权限与担负不同经营管理责任的多层级的经营管理组织系统与之匹配。为了支持各经营管理层级的工作和满足反映、监控、评价各经营管理层级履职情况的需要，财务会计机构的层级化与财务会计信息系统的分化便成为必然。具体说来，伴随着企业层级经营管理体制的形成，一方面，在会计机构内部出现了中间核算层；另一方面，财务会计信息系统发生了分化，一个为满足企业层级管理需要的新的财务会计信息子系统即责任会计信息系统产生与发展起来，并逐渐取得了相对独立的存在形态。

7.3　现代财务会计职能辨析

有关现代财务会计的职能，国内外会计学界有一种较为流行的观点：现代财务会计亦可称为“对外会计”或“对外报告会计”，其主要职能是向企业的投资人、债权人、政府等相关利益者提供企业的财务状况与经营状况等信息。与上述看法不同，笔者认为，现代财务会计尽管具有了古典企业会计所不具有的对外提供会计信息的职能，但并未改变为企业经营管理提供相关信息服务这一基本职能，现代财务会计的服务对象仍然是企业的经营管理，为企业的外部利益相关者提供财务状况与经营状况信息服务不过是为企业经营管理服务的必要延伸。

第一，服务于企业的经营管理是现代财务会计的基本职能。

古典企业也好，现代企业也好，都要进行经营管理活动，进行经营管理活动则必然会面对经济活动预期结果与实际结果、资源稀缺性与人们需要无限性的矛盾。这两大矛盾，既是包括古典企业会计在内的所有传统会计活动存在的根据，也是包括现代财务会计在内的所有现代会计活动存在的根据。服务于企业的经营管理，既是古典企业会计的基本职能，也是现代财务会计的基本职能。一旦失去了这一基本职能，现代财务会计也就失去了作为企业会计存在的根据与意义。

第二，现代财务会计为企业利益者相关服务是为企业经营管理服务的必要延伸。

现代财务会计遵循会计准则进行会计核算活动和对外提供财务报告，并非意味着现代财务会计的服务对象由企业的内部转向了企业的外部。因为制定会计准则，规范会计核算内容、方法与程序，既是为了满足企业外部利益相关者了解企业经营状况与财务状况的需要，也是为了满足企业经营管理及其发展的需要。现代企业只有依据会计准则组织会计核算工作和编制会计报表，才有可能确保会计信息的真实性，增强会计信息的科学性、准确性、有效性、及时性，从而为企业改善经营管理、正确处理企业内外部经济利益关系提供必要的条件。对于资本具有一定社会性的现代企业而言，企业的经营管理决不只是指企业内部的经营管理，也包括各利益相关者的经济利益关系的处理。各相关利益者的经济利益关系的处理妥当与否，不仅会极大地影响企业的融资环境、经营环境，还会极大地影响企业的经营决策、经营规模、经营业绩乃至经营目标的实现。从这种意义上说，财务会计为企业的利益相关者服务，就是为达成企业经营目标服务，这种服务无疑是为企业经营管理服务的必要延伸与不可或缺的组成部分。

第三，现代企业的经营管理须臾离不开财务会计的信息支持。

企业作为一个营利性组织，其目的就在于实现资本的保值与增殖。为了实现这一目的，企业的经营管理者必须保护每项财产物资的安全与完整，必须清楚每笔债权与债务的情况，必须随时掌握企业的经营状况与财务状况，必须动态地了解企业经营目标的实现情况与实现程度。而这些信息只能由伴随企业经营活动始终的、连续的财务会计活动来提供。离开了财务会计信息，经营管理活动就无依据可循，经营目标的实现也就成了镜中花、水中月。简言之，现代企业的经营管理须臾离不开财务会计信息的支持。正因为如此，成立企业的首要事项之一便是安排财务会计人员。

第四，现代财务会计事实上承担着服务于企业内部经营管理的职责。

若对现代企业实际的财务会计活动进行考察，不难看到，现代财务会计事实上承担着企业诸多内部财务管理事务和发挥着为企业内部经营管理提供信息服务的职责。比如：财务会计人员在核算过程中必须对经济业务的真实性、合法性、合规性、合理性进行审核；财务会计人员必须严格执行财产清查制度，定期、不定期地对企业的各项财产物资进行盘点，对各笔债权债务进行核对；财务会计人员必须遵守内部牵制制度，防范经济舞弊的发生；财务会计既要进行总分类核算，以提供总括的经济信息，又要进行明细分类核算，以提供具体的经济信息，具体经济信息的服务对象显然不是企业外部的利益相关者，而是企业内部的经营管理者，因为企业外部的利益相关者只需要了解企业整体的财务状况与经营状况，只有企业内部的经营管理者才既需要掌握企业整体的财务状况与经营状况，也需要具体掌握企业的每一项所有者权益、负债、资产、收入、费用的增减变化情况。

综上所述，在古典企业会计基础上发展起来的现代财务会计，并没有改变服务于企业经营管理的基本职能。过分强调财务会计的对外服务职能，忽略财务会计的对内服务职能，把财务会计归结为“对外会计”“对外报告会计”或“报账型会计”，既不利于现代财务会计理论体系的构建，也不利于现代财务会计实际功能的发挥。不少企业的财务会计人员，服务企业经营管理的意识淡薄，埋头于记账、算账与报账，疏于与企业经营管理者沟通或反馈相关信息，长期不清查企业财产物资，长期不催收应收账款，不及时处理未使用或不需用的资产与背时、积压的商品，凡此种种，应该说均与对财务会计基本职能认识的偏颇存在不同程度的关联。

第 8 章

管理现代化与会计多元发展

现代企业制的形成与发展，在推动会计规范化进而使古典企业会计转化为现代财务会计的同时，还推动着企业会计向成本会计、责任会计、决策会计、战略管理会计等多元方向发展。第 7 章旨在探明现代财务会计形成的内在原因、外部环境及其和古典企业会计的区别与联系，本章则旨在探明成本会计、责任会计、决策会计、战略管理会计产生与发展的根据，并就现代企业会计学知识体系构建中存在的问题作一初步探讨。

8.1 企业管理的现代化

8.1.1 层级制企业管理组织的形成

按照管理学的原理，管理者所管理的人数、管理的业务范围和业务量亦即管理的幅度，是不可能无限扩大的。尽管因管理者的管理能力、管理对象的复杂程度和管理难度的不同，管理者的管理幅度会存在差异，但管理者的管理幅度要受到限制却是一般性的规律。生产经营规模宏大、生产经营业务纷繁多样、内部业务关系与利益关系错综复杂的现代企业，显然不能沿袭生产经营规模狭小、生产经营业务单一、内部业务关系与利益关系简单的古典企业的一统到底的管理体制，而必须根据管理者的管理能力、管理对象的复杂程度和管理难度，科学、合理地划分与设置管理层级，对企业的生产经营活动实施层级管理。第一次世界大战前后，既是西方资本主义社会生产力快速发展的时期，也是企业的管理组织形式迅速变化的时期。这种变化主要体现在以下两个方面：

第一，企业管理组织模块化。

规模大幅扩张的企业，其经营的种类或经营的区域通常都会发生大的变化。比如，从单一品种产品经营发展成为多种产品甚至多系列产品经营，从单一区域经营发展成为跨区域甚至跨国别经营。与此相适应，经营不同产品或不同系列产品或不同区域的事业部或分公司便应运而生。这些事业部或分公司在企业内部衍生的过程，也就是企业经营业务管理组织模块化的过程。

第二，企业管理组织的层级化。

依据科斯的企业理论或交易成本理论，以合并等方式进行企业规模的扩张，实质上是以企业行政协调机制取代市场协调机制，目的在于降低交易成本，提升经济效率与效益。而企业行政协调机制取代市场协调机制的结果。如张春霖在《企业组织与市场机制》一书中所言："过去在市场协调机制下进行的市场交易，现在变成了一个层级组织内部处于层级制决策——信息机制调节下的分工联系。"[①] 也就是说，企业规模的大幅扩张，在降低交易成本动机的驱动下，会使企业行政协调机制在一定程度上取代市场协调机制。而企业行政协调机制取代市场协调机制的结果，便是企业管理组织的层级化，集中制决策——信息机制转向层级制决策——信息机制，企业与企业之间的社会分工代之以企业内部的纵向分工。

随着第一次工业革命的推进，首先面临企业管理组织创新问题

① 张春霖：《企业组织与市场机制》，上海三联书店、上海人民出版社1994年版，第77页。

的是铁路企业。“1841 年，美国西部铁路线的管理人员就遇到了这种挑战。这条铁路是分三段建造的，建成后也分三段管理，各段有一组管理人员。在这条铁路上，相反方向的行车每天交会 12 次。协调的缺乏很快造成了后果，1814 年 10 月 5 日发生了客车相撞事故，19 人伤亡。这场事故促使美国企业界首次搞出了一套现代化的而且分工细致的内部组织结构，西部线因此成为美国第一家以专职支薪经理通过严密的管理系统而经营的现代企业。”①

现代企业层级制管理组织形式演变至今，大致包括职能制管理组织、直线—职能制管理组织、事业部制管理组织、模拟分权制管理组织、矩阵制管理组织等类别。其中，事业部制管理组织、模拟分权制管理组织、矩阵制管理组织，则是第二次世界大战之后伴随跨国公司的出现而出现的。

职能制管理组织形式，即企业的各级单位除了要接受上级主管人的领导外，还要接受上级各职能机构的领导。其组织结构见图 8－1。②

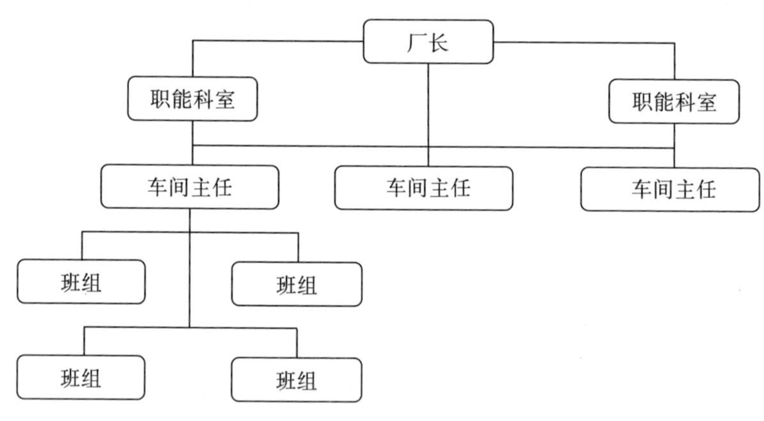

图 8－1　职能型管理组织结构

① 张春霖：《企业组织与市场体制》，上海三联书店、上海人民出版社 1994 年版，第 79－80 页。

② 参阅陈文汉：《现代企业管理学》，电子工业出版社 2014 年版，第 58 页。

直线—职能制管理组织形式，也称“生产区域制组织形式”或“直线参谋制组织形式”。在这种组织形式下，企业管理机构及其人员分属两大类：一类是直线领导机构及其人员，按照命令统一原则对下级行使指挥权；另一类是职能机构及其人员，按照专业化原则从事各项职能管理工作。直线领导机构及其人员在自身的职责范围内具有一定的决定权和对下属的指挥权，并对其主管部门的工作负全部责任；职能机构及其人员则是直线指挥人员的参谋，不能直接对下级单位发号施令，只能进行业务指导。其组织结构见图 8 – 2。[①]

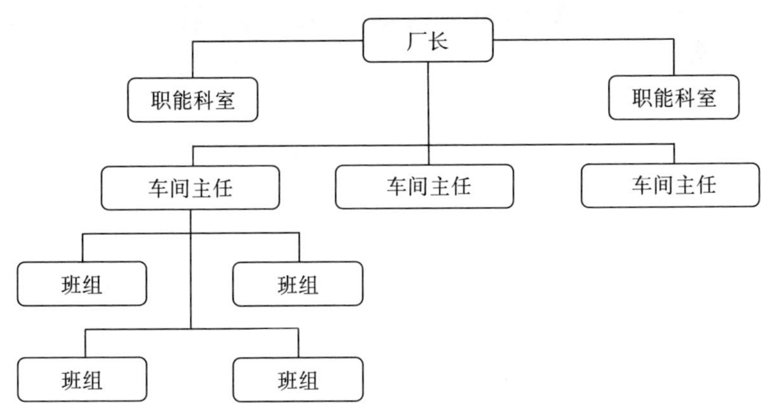

图 8 – 2　直线—职能制管理组织结构

事业部制管理组织形式，即把一个企业的生产活动按产品类别或按地区分成不同的组成部分，每一部分就是一个事业部。从产品的设计、原材料采购、成本核算、产品制造到产品销售，均由事业部及所属工厂负责。各事业部独立经营、单独核算，企业总部一般只保留人事决策权、预算控制权和监督权。其组织结构见图 8 – 3。[②]

① 参阅陈文汉：《现代企业管理学》，电子工业出版社 2014 年版，第 59 页。

② 参阅陈文汉：《现代企业管理学》，电子工业出版社 2014 年版，第 60 页。

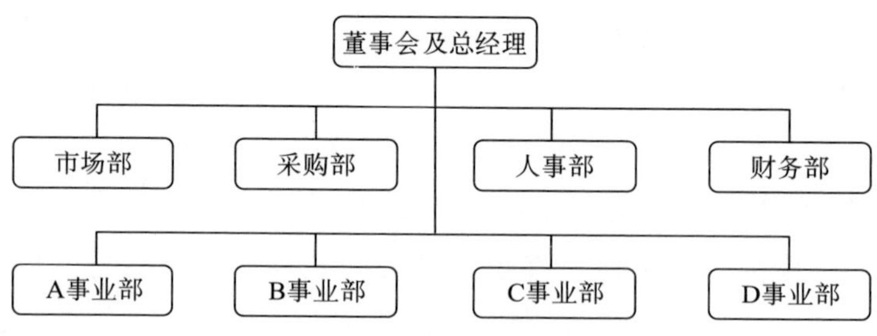

图 8－3　事业部制管理组织结构

模拟分权制管理组织形式是介于直线—职能制与事业部制之间的一种企业管理组织形式。所谓模拟，就是模拟事业部制的独立经营、单独核算，即按地区或其他标准把企业分成若干组织单位或生产单位。这些单位有自己的职能部门，享有较大的自主权，生产单位之间按内部转移价格进行产品交换并计算利润，进行模拟性独立核算，承担模拟性盈亏责任。其组织结构见图 8－4。①

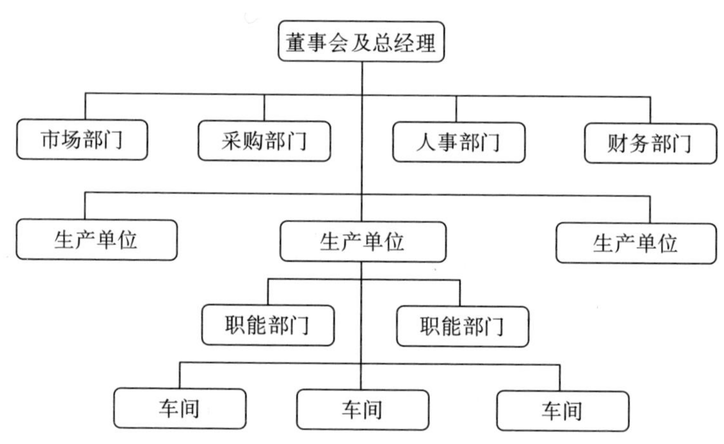

图 8－4　模拟分权制管理组织结构

矩阵管理组织形式又称"目标规划管制组织形式"，它既保留了直线—职能制管理组织，又成立了按规划目标划分的横向领导系

① 参阅陈文汉：《现代企业管理学》，电子工业出版社 2014 年版，第 61 页。

统。其组织结构见图 8－5。[①]

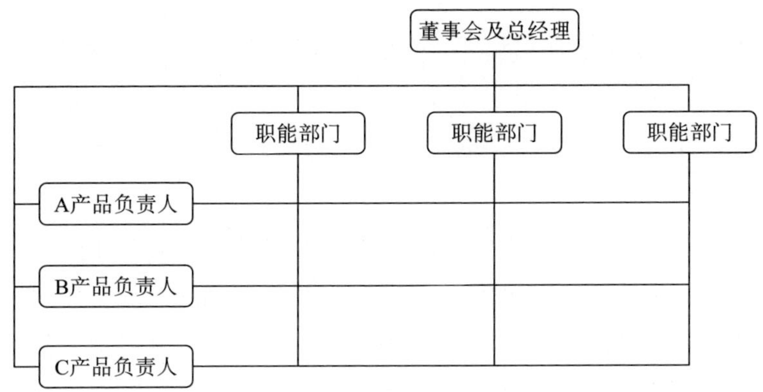

图 8－5　矩阵管理组织结构

8.1.2　企业管理理论的发展

企业管理理论的发展迄今大致经历了萌芽阶段、传统管理理论阶段、行为科学管理理论阶段和现代管理理论阶段。

17 世纪末到 18 世纪初，欧洲各国所经历的社会、政治、经济、技术等方面的大变革，特别是始于 18 世纪 60 年代的英国工业革命及 19 世纪法国、德国、美国、日本的产业革命，给企业管理实践提出了一系列新的问题，由此便出现了企业管理理论的萌芽，也就是早期的企业管理思想。早期的企业管理思想认为，管理就是实现控制、计划、指挥等职能。“控制”主要是指对原材料的保管和使用以及对产品质量、产品数量和财务的控制；计划包括工厂的厂址设置、布置、设备排列以及成本的计算；指挥就是组织、监督工人生产和机器运作。其主要代表人物是詹姆斯·斯图亚特、亚当·斯密、大卫·李嘉图、巴贝奇等。

19 世纪末到 20 世纪初，为传统管理理论亦称古典管理理论阶

① 参阅陈文汉：《现代企业管理学》，电子工业出版社 2014 年版，第 62 页。

段。随着工业革命的发展，生产规模不断扩大，工人人数不断增加，新技术层出不穷，生产程序日趋复杂，企业主单凭个人的经验与臆断已无法进行有效管理。一些技术和管理人员通过种种实验，将科学技术的最新成果运用于企业的生产管理以求提高劳动生产率，从而形成了一套科学的管理制度，并大大推动了企业管理理论与技术的发展。

由于各国的国情有所不同，因而研究的重点也有所不同。当时美国经济面临的最突出的问题是劳动生产率的问题，故美国研究的重点在于如何提高劳动生产率特别是车间的劳动生产率，其代表性、标志性成果是泰罗的“科学管理原理”。当时法国经济面临的最突出的问题是伴随大机器生产所产生的组织管理问题，故法国研究的重点是如何科学地实施组织管理的问题，其代表性、标志性成果是法约尔的组织管理法则。当时的德国正处于家庭企业向大规模的资本主义企业过渡的时期，亟待形成一种效率高、合理化的管理体系，故德国研究的重点是管理体系问题，其代表性、标志性成果是马克思·韦伯的行政组织体系理论。

泰罗制的产生，使科学管理替代了经验管理。然而，泰罗制重视“物”的因素，不重视“人”的因素；重视“正式组织”，不重视“非正式组织”。尽管利用劳动定额和奖励工资制不同程度地激发了工人的生产积极性并取得了一定的效果，但并未从根本上解决工人生产积极性的调动问题。工人们为了争取自身的权益，从消极怠工发展到有组织的罢工，劳资关系日益紧张，阶级矛盾日趋尖锐。在这一背景下，行为科学应运而生。20 世纪 20 年代至 30 年代，行为科学产生之初，被称为“人群关系”学派；50 年代之后则称为“行为科学”学派。行为科学主要研究生产中的人际关系，包括人的本性和需要、行为的动机，研究如何改善企业中的人与人的关系，如何激励人的积极性，如何改善劳动条件以提高劳动生产率。人群关系学派的代表人物是梅奥和罗特利斯伯格，行为科学学派的代表人物是马斯洛、赫茨伯格、斯金纳等。

第二次世界大战后，发生了第三次科学技术革命。这次科学技术革命始于20世纪40年代末50年代初的美国，而后逐步扩大到西欧和日本，60年代达到高潮，以原子能技术、电子计算机技术和空间技术的发展利用为主要标志。第三次科学技术革命，无论是深度还是广度，都大大超过了第一次工业革命和第二次产业革命。它不仅表现为科学理论的创立与有关技术突破的相互交织，而且表现为科学技术研究成果迅速转化为现实的社会生产力，使原子能、半导体、电子计算机、宇航、激光等新兴工业部门雨后春笋般涌现出来。

第三次科学技术革命所产生的机器与机器体系，不仅为生产领域广泛利用，而且也延伸到了管理领域，成为管理工作的有效方法与手段，为管理的全面创新奠定了必要的技术基础，管理理论的发展由此步入现代管理理论阶段。管理过程学派、系统管理理论学派、社会协作系统学派、社会技术系统学派、决策理论学派、案例学派、权变管理学派、数学学派、经理角色学派等纷纷面世，逐渐形成多元化态势。美国管理学家哈罗德·孔茨将这一态势生动地比喻为“管理理论丛林”。

这诸多的学派，虽然理论内容各有侧重，但也存在某些共同的特点，主要包括：一是突出系统管理的思想，认为企业不是一种纯粹生产的人—机系统，而是一种受技术、心理、社会等多种因素影响的多元的心理—社会系统；二是突出经营决策的思想，从只重视系统的“效率”转向强调系统的“效能”；三是广泛使用经济数学模型定量化解决管理问题；四是充分利用电子计算机技术提升管理能力。

8.1.3　企业管理现代化的开启

如果说企业层级管理组织的形成为企业管理的现代化提供了必

要的硬件条件，企业管理理论的发展为企业管理的现代化提供了必要的软件条件的话，那么，力图扭转因跨国公司大量涌现和激烈的市场竞争所导致的企业获利能力普遍下降的趋势则是推动企业管理现代化的强大动力。

第二次世界大战之后，企业的生产经营活动发生了以下一系列重大变化：一是将行为科学研究的最新成果引入企业管理领域，改善人际关系，调动人的主观能动性，激励员工提高产品质量与降低产品成本，以提高企业的盈利水平；二是从重视单一品种的大批量生产转向按顾客要求进行多品种的小批量生产，以增强市场竞争能力；三是重视市场调查研究，加强生产经营的预测与决策工作，强化对生产经营的日常控制与考评工作；四是利用计算机技术，定性管理开始转向定量管理。简言之，面对新的形势，企业迈开了管理现代化的步伐。

8.1.4　企业管理现代化下会计发展的特点

会计信息系统作为企业管理信息系统的重要组成部分，必然伴随企业管理的现代化而获得迅速的发展。这一发展呈现出以下特点：

第一，会计功能作用的全面发挥。

如前所述，就经济系统运行的全过程而言，会计的功能作用就是为经济决策、经济活动调控、经济实践观念的检验与评价提供相关信息服务支持。然而，上述的功能作用，并不是在会计活动存续的所有阶段都得到充分发挥的。在企业管理现代化尚未开启之前，会计的功能作用还主要体现为对经济活动实际结果的确认与计量，至于会计的辅助经济决策、辅助经济调控的功能作用则因为缺乏充分的条件和足够的动力而处于潜在的或萌芽的状态之中。企业管理现代化的推进，则使情况发生了显著变化，会计的辅助经济决策、辅助经济调控的必要性日渐显现，对会计辅助经济决策、辅助经济调控功能的需求日益强烈，会计发挥辅助经济决策、辅助经济调控作用的技术条件日趋完善，会计的功能作用开始全面地发挥出来。

第二，会计职责分工的深化。

企业管理的现代化，不仅使会计的功能作用得以全面发挥，而且使会计的职责分工逐渐深化。这种职责分工的深化，不仅表现为会计信息系统相对其他经济信息系统的独立发展、会计机构的独立设置与完善、会计活动的职业化及会计人员的专门化，还表现为会计内部职责分工的细化。具体地说，会计信息系统不再是一个没有内部分化的浑然整体，而是存在着会计人员之间的职责分工，且基于职责分工产生了不同的会计分支，衍生出了成本会计、责任会计、决策会计、战略管理会计等诸多会计信息子系统。这些会计信息子系统的功能目标既相互区别，又相互关联，共同构成一个现代企业的会计体系。

第三，会计技术方法的多样化。

因为传统的会计活动主要是对经济活动的实际投入与产出及其关系进行确认与计量的活动，而这种确认与计量活动采用的主要方法又是会计账务处理方法，所以人们谈及传统会计的技术方法时，通常指的就是会计账务处理方法。现代会计技术方法则不相同。现代会计功能作用的多样性源自现代会计活动的多样性，现代会计活动的多样性则有赖于会计技术方法的多样性。比如，会计为了提供成本目标决策相关信息，就要运用成本习性分析法；为了提供利润目标决策相关信息，就要运用本—量—利分析法、盈亏临界点分析法、边际成本与边际收益分析法；为了解决产品在企业内部转移计价的问题，就要运用可控成本与不可控成本确认法；为了解决间接费用的分配问题，就要运用作业成本法等。简言之，现代会计的技术方法是一个内容日渐丰富、日趋多样的体系。

8.2　现代企业会计的多元发展

8.2.1　成本管理与成本会计

产品成本水平的高低，对商品生产者来说，具有生死攸关的意义。就小商品生产而言，其产品的成本即生产资料的转移价值，如果产品的成本等于商品的价格，生产者耗费的活劳动便得不到任何补偿；如果产品的成本高于商品的价格，不仅生产者耗费的活劳动得不到补偿，耗费的物化劳动也得不到完全补偿。无论是何种情形，小商品生产均不能持续，小商品生产者均不能生存。就大商品生产而言，如果产品的成本即生产要素的转移价值与支付给劳动者的工资之和等于商品的价格，生产者便不能获得利润；如果产品的成本高于商品的价格，生产者不仅不能获得利润，而且要亏本，连简单再生产也无法维系。

早期的生产制造型企业在产品成本管理方面主要有两个问题需要解决：一是产品成本的核算问题；二是产品成本的控制问题。由于商贸企业产生在先，生产制造型企业出现在后，早期生产制造型企业的会计沿用的是商贸企业会计的核算内容与核算方法，所以早期生产制造型企业会计核算的对象并未涵盖产品的生产成本。19世纪中叶至20世纪初叶，西方国家会计界通过探索与实践，解决了生产费用与管理费用的界定与处理、直接费用与间接费用的划分及间接费用的分配方法、有关材料等存货与设备的投资性质、固定资产折旧的计算方法、生产成本与制造费用等账户的设置以及账户之间成本费用结转等一系列问题，并将产品成本核算账户纳入了企业复式账簿体系。此后，产品成本核算便成为制造型企业会计核算的重要组成部分。

对产品成本的控制则是伴随着20世纪初叶标准成本法的诞生

而出现的。标准成本法的问世，标志着成本会计活动获得了相对独立的存在。成本会计的活动不再限于对产品实际成本的确认与计量进而为产品的定价及经营绩效的核算提供依据，而是扩展到企业经济运行的各个环节。具体说来，一是按照科学的方法制定出在一定条件下能够实现的人工、材料的消耗标准，并以此为基础形成产品标准成本中的标准人工成本、标准材料成本、标准制造费用，成本计算与成本信息利用从事后延伸到事前，从而使成本会计信息具有了辅助决策的功能；二是按照人工、材料消耗标准及费用分配率标准，将标准人工成本、标准材料成本、标准制造费用以预算形式表现出来，据以控制材料、人工、制造费用的实际发生，从而使成本会计信息具有了辅助调控的功能；三是进行实际的材料费用、人工费用、制造费用与额定的材料费用、人工费用、制造费用目标偏离值的确认与计算，并查明偏离的原因与责任，从而使成本会计信息具有了辅助检验与评价的功能。

8.2.2　经济责任制与责任会计

现代企业生产经营规模大幅扩张要求实行层级管理，实施层级管理则需要建立经济责任制度，经济责任制度的建立又催生了责任会计。简言之，经济责任制度的建立是责任会计产生的前提。

但凡存在，没有绝对的好，也没有绝对的坏。企业内部实行层级管理也是“双刃剑”。层级管理制在顺应生产经营规模扩张要求的同时，因信息纵向传递环节的增加和纵向信息通道的延长所导致的信息传递的时滞与信息失真的弊端也逐渐显露出来。这一弊端的存在，不仅会影响企业经济决策的及时性与科学性，也会影响企业经济调控的及时性与有效性。为了克服这一弊端以提高企业的市场反应速度和竞争应对能力，分权管理便被提上议事日程。二十世纪二三十年代，体现分权管理要求的责任中心应运而生。

责任中心，即根据其管理权限承担一定的经济责任，并能反映其经济责任履行情况的企业内部责任单位。凡是管理上可以分离、责任可以辨认、绩效可以单独考核的单位，大到分公司、地区工厂或部门，小到车间或班组，均可划分为责任中心。

按照责任对象的特点和责任范围的广狭，可将责任中心划分为成本（费用）中心、利润中心、投资中心三类。一般说来，成本（费用）中心，是指只发生成本（费用），而不取得收入的责任单位。对该类中心只考核责任成本，不考核其他内容。利润中心，是指既要发生成本，也能取得收入，还能根据收入与成本的配比计算利润的责任单位。对该类中心考核的重要指标是责任利润亦称可控利润。投资中心，是指既要发生成本，也能取得收入、获得利润，还有权进行投资的责任单位。该类中心不仅要对责任成本、责任利润负责，还要对投资收益负责。三大类责任中心的产生，是现代大中型企业为适应分层管理的需要而进行经营管理权力分层配置的结果。责任制组织结构，以某石化企业为例，见图 8－6。①

企业分权管理体制与经济责任制的形成，必然要求会计对自身的职责做出相应的调整：

一是为各责任中心的责任目标决策提供相关信息服务。古典企业，由于资本的所有权与经营管理权合一和实行一统到底的经营管理体制，故只有企业总经营目标的决策，而无层级责任目标的决策。现代大中型企业则不同，因为存在多层级的责任主体，故不仅要进行总经营目标的决策，还要进行各责任中心责任目标的决策。与其对应，会计就不仅要为总经营目标的决策提供相关信息服务，也要为各责任中心的责任目标决策提供相关信息服务。

二是为各责任中心的经济活动调控提供相关信息服务。企业内部责任中心的形成，表明对经济活动的调控，不仅要在企业总体的范围进行，还要在不同层级的各个责任中心进行。与其对应，会

① 孙茂竹等：《管理会计学》，中国人民大学出版社 2009 年版，第 331 页。

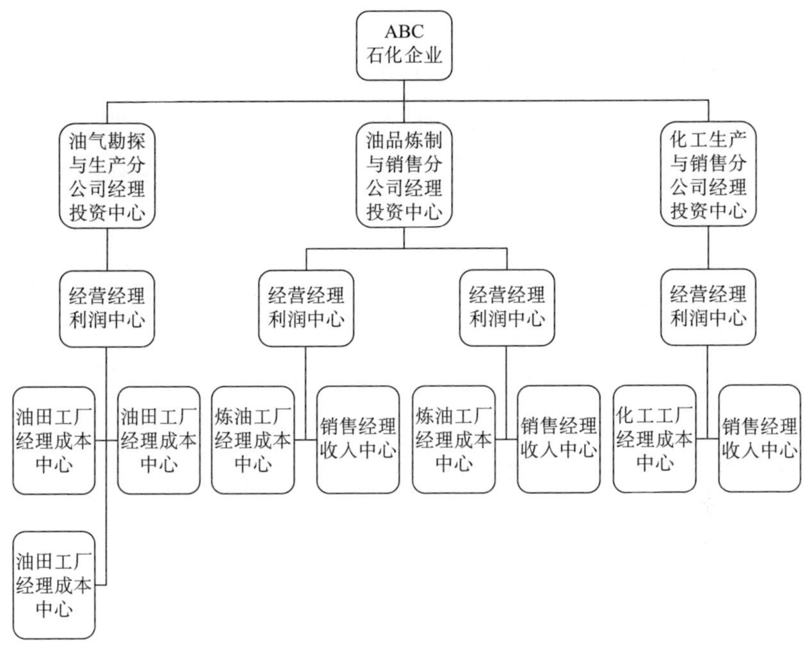

图 8－6　某石化企业责任制组织结构

计就不仅要为总体经济活动的调控提供相关信息服务，还要为不同层级的责任中心的经济活动调控提供相关信息服务。

三是为各责任中心的绩效评价与各责任主体的履职情况考核提供相关信息服务。如前所述，责任中心就是旨在达成既定责任目标的企业内部责任单位。对这些责任单位必定有一个责任目标完成情况的评价和责任主体履职情况的考核问题。无论是进行责任目标完成情况的评价，还是进行责任主体履职情况的考核，无疑都离不开相关会计信息的支持。换言之，在实行分权管理体制和经济责任制的场合，会计不仅要对企业总体的投入与产出及其关系进行确认、计量、分析与评价，而且要对各个责任中心的投入与产出及其关系进行确认、计量、分析与评价；不仅要为企业整体的决策、调控、检验工作提供相关信息服务，也要为企业各个责任中心的决策、调控、检验工作提供相关信息服务。由此必然导致会计工作量与会计工作复杂程度大幅增加。

会计工作量与会计工作复杂程度大幅增加，必然要求构建层级的会计信息服务体系以取代集中的会计信息服务体系。责任会计则是这一新的会计信息服务体系的必要组成部分，其基本职责就是对企业内部各责任中心实际的投入与产出及其关系进行确认与计量，进而为考核与评价各责任中心的绩效成果和各责任主体的履职情况提供相关信息服务。

8.2.3 经济决策与决策会计

决策环节是企业经营管理的首要环节，确定经营目标、计划与行动方案是决策环节的基本任务。在古典企业阶段，企业主需要决策的只是企业的总体经营目标、计划与行动方案。而具有层级结构的现代企业，所需确定的经营目标，不仅包括企业的总体经营目标，也包括各层级责任中心的责任目标；所需确定的计划，不仅包括企业的总计划，也包括各层级责任中心的分计划；所需确定的行动方案，不仅包括企业的总体行动方案，也包括各层级责任中心的行动方案。企业各层级责任中心的经营责任目标、计划与行动方案作为企业总体经营目标、计划与行动方案的细化与分解，既是实现企业总体经营目标、计划与行动方案的基础和保障，也是确认、考核与评价企业各层级责任中心实际绩效或各责任主体履职情况的依据。

在古典企业阶段，由于所需决策的事项比较单纯、比较简单，故企业主凭借自身所掌握的信息与经验便可胜任。然而，对于具有层级结构的现代企业来说，需要决策的是一个由总体的经营目标、计划与行动方案和各层级责任中心的责任目标、计划与行动方案所组成的庞大体系，且该体系还要受到纵横交织、错综复杂的经济利益关系的制约，进行这一决策所需信息的广度、深度与数量，远远超出了企业主个人经验的范围。在这种情况下，必然要求个人决策转向团队决策，集权式决策转向分权式决策，经验型决策转向科学型决策。与决策方式转型相伴随，会计为决策提供相关会计信息服务的功能作用便逐渐凸显出来，加之辅助经济决策类的会计工作量逐渐增大，以致其业务难以由其他会计人员来兼顾，而需要专设人员来承担，于是决策会计活动便与其他会计活动分离开来，开始取得相对独立的形态。

这里要提及的还有决策会计与企业预算管理的关系。企业的全面预算管理体系，是一个由横、纵两个维度交织而成的立体网络体系。从横向的维度看，企业的全面预算管理方案反映的是企业在计划期内的各个项目的筹资活动、投资活动、经营活动及其预期目标；从纵向的维度看，企业的全面预算管理方案反映的是企业在计划期内不同层级的各责任单位所承担的经济责任及要达成的目标。作为既要明确企业不同方面、不同层级的经营目标或责任目标，也要明确经营目标或责任目标的责任人的全面预算管理方案，无疑具有鲜明的目标引领功能和前馈控制功能。预算管理组织一般由预算决策组织、预算管理组织和预算执行组织组成。预算决策组织，负责制定企业预算管理制度，决定企业预算中的重大经济事项，监督企业预算的编制，下达目标任务；预算管理组织，负责编制企业预算，监控企业预算的执行，对企业预算的执行结果进行评价、考核与奖惩；预算执行组织，负责编制本单位的预算，落实与完成本单位的预算任务。

决策会计活动无疑贯穿于企业全面预算管理实施的各个环节，既要为预算的决策提供相关信息服务，也要为预算的管理提供相关信息服务，还要为预算的执行提供相关信息服务。

8.2.4　战略管理与战略管理会计

20 世纪 50 年代末，“战略”作为“手段”或“方法”的代名词开始进入企业管理领域，一般是指企业为实现其宗旨和长期目标而使用的一种比较宽泛、基本的计划方法。

1973 年的石油危机把企业带入了动荡的环境，人们日益强烈地意识到，对外部环境不可能进行完全准确的预测，企业计划的制定必须基于外部环境的变化，战略比预测更重要。

经济的全球化趋势则使企业面临更加严酷的市场竞争环境，已知的顾客群已经被包括潜在顾客群在内的多样化顾客群所取代，因而必须更加留心市场的动态，更加关注竞争对手的变化。在这一背景下，“战略管理”被正式提出，战略管理理论迅速发展。

20 世纪 80 年代以后，行为科学、竞争对手分析、购并战略、全球化战略、信息技术、生产技术的发展则进一步拓宽了战略管理的范围，丰富了战略管理的内容，完善了战略管理的理论。

随着战略管理实践的推进与深入，著名管理学家西蒙于 1981 年首次提出“战略管理会计”，并指出战略管理会计应该侧重于本企业与竞争对手的对比，收集有关竞争对手的市场份额、定价、成本、产量等方面的信息，主要内容应该包括进行市场份额评估、编制战略预算、研究竞争地位变化等。

战略管理会计的产生，标志着会计的功能作用不再停留在企业的战术管理层面，而是上升到企业的战略管理层面；会计的对象不再限于企业自身的投入与产出及其关系，而是拓展到企业的外部环境、市场与竞争对手及其变化、企业与企业的价值链、顾客与企业及企业与企业的供应链；会计所产出的信息不再限于财务信息的范畴，而是延伸到了如目标市场占有率、产品合格率、顾客满意度、产品交货率、产品退货率、产品返修率等非财务信息的领域。

8.2.5 会计功能作用的进一步拓展

正如众多高尖端科学技术首先问鼎军事领域，随后很快融入民用领域并快速提升民用领域的科技水平一样，顺应企业管理现代化的需要而形成的新的会计理论与方法，也逐渐被推广应用于企业更广泛的经营管理活动之中，甚至被推广运用于超出单个企业范畴的价值链管理与供应链管理活动之中。比如：

作业成本分析法，已不限于解决间接费用的控制与合理分配的问题，还被用于企业内部各单位的作业结构及功能的价值分析，旨在为企业的产品结构、业务流程、工艺流程甚至客户群的优化提供依据。

价值分析法，已不限于决策过程中的经济合理性分析或解决检验阶段中的绩效评价等问题，也被用于企业内设组织之间的业务关系及功能分析，旨在为企业管理层级的增减、管理部门的拆分或合并、内设业务单位的新建或撤销等提供依据；还被用于企业与企业之间的业务关系及功能的价值分析，旨在为价值链或供应链的优化提供依据。

概言之，会计发展至今，其功能作用已经从企业经营管理的局部拓展到企业经营管理的全局，从企业的内部延伸至企业的外部，从企业管理的战术层面提升到企业管理的战略层面。

8.3 会计体系建设存在的问题

8.3.1 会计知识体系的完善问题

一门学科的产生与发展无不与当时的社会经济环境、技术状况及其发展的需要息息相关，会计学概莫能外。当今，人工智能、物联网、新材料、3D打印等新技术的融合发展正在颠覆性地改变人类的生产方式与生活方式。在以往的社会经济环境和企业生产技术条件下形成的会计理论知识与技术方法体系，面对迅速崛起的数字化社会，却显得有些滞后与力不从心。

仅以成本习性理论为例。克劳斯·施瓦布在《第四次工业革命——转型的力量》一书中指出："数字化意味着自动化，自动化反过来意味着企业的规模收益不会递减（至少递减的部分会少一些）。”① “与10年前或15年前相比，今天创造单位财富所需的员工数量要少得多，这是因为数字企业的边际成本几近为零。”②美国著名社会学家杰里米·里金夫在其《零边际成本社会》一书中预言：“在未来二三十年里，各大洲和全球网络中的产销者将以近乎零边际成本的方式生产并共享绿色能源、商品和服务。”③ 这不能不让笔者联想到成本习性理论。成本习性理论是会计学的基础理论之一，本—量—利分析、盈亏临界点分析、边际成本与边际收益分析、规模经济等理论与方法，都是基于成本习性理论存在的。然而，加速发展着的数字经济、平台经济与共享经济，却向成本习性理论提出了严峻的挑战，依据原有的成本习性理论已不足以对数字经济现象做出合乎规律的解释，这便要求会计学界必须就数字经济对成本“习性”的影响进行探索与研究，并将新的研究成果及时补充到成本习性理论之中。

8.3.2 会计理论与技术的发展问题

数字化技术的广泛运用，不仅改变着人类的生产方式与生活方式，还改变着产品的生产工艺、生产流程、流通方式与商业运营模式。产品与服务创新水平的高低，商业运营模式创新能力的强弱，已经成为决定企业生存与发展的核心要素。在这样一个大背景下，一是企业产品管理的重心从对生产成本与产品质量的控制转向对产品及其工艺设计的优化；二是商业运营模式创新在改变企业盈利方式的同时也在为企业开拓出新的价值源泉，比如，提供品牌服装的生产商可以没有生产车间，提供住宿服务的企业可以没有住房，提供租车服务的公司可以没有车辆；三是平台经济、共享经济的发

---

①② ［德］克劳斯·施瓦布：《第四次工业革命——转型的力量》，中信出版集团2016年版，第7页。

③ ［美］杰里米·里金夫：《零边际成本社会》，中信出版集团2017年版，第5页。

展，使企业在拥有资产所有权还是拥有资产使用权之间有了多种选择。

上述一系列变化，必然要求会计理论大踏步向前发展。比如，在传统的产品管理模式与商业运营模式下，企业所面对的决策问题大多是有关零部件是自制还是外购，设备是维修、更新还是报废，亏损产品是续产还是停产等问题，而在产品管理重心转向设计环节，以及商业运营模式发生重大变化的今天，这些局部性问题虽然仍需企业去面对、去解决，却不再是企业关注的重点。企业关注的重点开始转向那些具有全局性、系统性、方向性的经营问题及其解决的思路和方法，会计则承担着为这些重大问题的解决提供相关信息服务的责任。顺应会计职责的这一变化，系统理论、优化理论便成为会计学基础理论的重要组成部分，价值工程分析、价值链分析等具有系统分析功能的技术也成为会计技术集群的基本组成部分。此外，为了满足企业有关拥有资产所有权还是拥有资产使用权等产权配置结构优化选择的需要，还有必要对“决策相关成本”和“决策非相关成本”的外延重新进行界定，等等。

综上所述，在这样一个工业社会向数字社会跨越的大变革时期，会计理论工作者无疑承担着一项重大的使命，这就是追踪会计实践的前沿，及时地将新鲜的会计实践经验提升到理论的高度，不懈地进行会计理论与技术的创新，最大限度地发挥会计对企业经济进而对社会经济的推动作用。

8.3.3　现代企业会计体系的重构问题

如前所述，现代企业会计的发展呈现出财务会计、成本会计、责任会计、决策会计、战略管理会计等多元发展的格局。那么，这些会计类型之间的关系如何？或者说，应该以何种逻辑结构将其组成一个有机的现代企业会计体系？迄今，国内外会计学界普遍的做法是，将财务会计作为构成现代企业会计体系的一个分支，将成本会计、责任会计、决策会计、战略管理会计统归管理会计作为构成现代企业会计体系的另一个分支，并以此为基础构建会计学的理论与方法体系。

笔者认为，上述构建方法有待商榷，并主张按照预期类会计信息与实际结果类会计信息的差异将现代企业会计体系划分为决策会计与绩效会计两大分支。其中，决策会计分支由原有的管理会计剔除责任会计部分、成本会计中的实际成本核算部分后的其余内容所组成；绩效会计分支由财务会计、责任会计、成本会计中的实际成本核算部分所组成。至于现代企业会计体系为什么要如此构建，如此构建的依据、理论价值与实践价值，本书存而不论，留待后续的著述作专题讨论。

参考文献

[1]《毛泽东选集》第1卷，人民出版社1967年版。

[2] 葛家澍等："关于会计定义的探讨"，《会计研究》1983年第5期。

[3] 杨纪琬等："开展我国会计理论研究的几点意见"，《会计研究》1980年第1期。

[4] 孙健：《中国经济通史》，中国人民大学出版社2002年版。

[5] 文炳勋："新中国成立以来财政预算体制的历史演进"，《中共党史研究》2009年第8期。

[6] [美] 迈克尔·查德菲尔德著，文硕等译：《会计思想史》，立信会计出版社2017年版。

[7] [日] 稻盛和夫著，曹岫云译：《稻盛和夫的实学：经营与会计》，东方出版社2015年版。

[8] 郭道扬：《会计史研究——历史·现时·未来》第3卷，中国财政经济出版社2008年版。

[9] 张春霖：《企业组织与市场体制》，上海三联书店、上海人民出版社1994年版。

[10] 詹子庆：《中国古代史》，高等教育出版社1993年版。

[11] 俞绪婴：《管理会计学》，中国人民大学出版社1999年版。

［12］［美］罗伯特·S. 卡普兰等著，吕长江主译：《高级管理会计》，东北财经大学出版社 2012 年版。

［13］［美］小艾尔弗雷德·钱德勒：《看得见的手——美国企业的管理革命》，商务印书馆，1987 年版。

［14］［美］杰里米·里金夫著，赛迪研究院专家组译：《零边际成本社会》，中信出版集团股份有限公司 2017 年版。

［15］许义生："论会计对象一般及其历史演变"，《中南财经大学学报》，1989 年第 6 期。

［16］［美］西德尼·戴维森主编，娄尔行译：《现代会计手册》，中国财政经济出版社 1982 年版。

［17］文硕：《西方会计史》（上），中国商业出版社 1987 年版。

［18］孙翊刚主编：《中国赋税史》，中国税务出版社 2003 年版。

［19］闫德玉：《会计学原理》，湖北科学技术出版社 1985 年版。

［20］孙翊刚主编：《中国财政史》，中国社会科学出版社 2003 年版。

［21］《马克思恩格斯全集（第 49 卷）》，人民出版社 1982 版。

［22］［奥］卡尔·门格尔：《国民经济学原理》，上海世纪出版集团 2005 年版。

［23］《马克思恩格斯选集（第 1 卷）》，人民出版社 1966 版。

［24］《马克思恩格斯全集（第 23 卷）》，人民出版社 1974 年版。

［25］周农建：《决策学的新视野》，贵州人民出版社 1986 年版。

［26］马克思：《资本论（第 1 卷）（上）》，人民出版社 1975 年版。

[27] 马俊峰：《评价活动论》，中国人民大学出版社 1994 年版。

[28] W. B. 坎农：《躯体的智慧》，商务印书馆 1980 年版。

[29] 郭道杨：《会计史研究——历史 · 现时 · 未来（第 1 卷）》，中国财政经济出版社 2004 年版。

[30] [英] 保罗 · 梅森著，熊海虹译：《新经济的逻辑》，中信出版集团 2017 年版。

[31] 黄金南等：《系统哲学》，东方出版社 1992 年版。

[32] 陈新汉：《社会评价论》，上海社会科学院出版社 1997 年版。

[33] 李宗桂：《中国文化概论》，中山大学出版社 1988 年版。

[34]《马克思恩格斯选集（第 4 卷）》，人民出版社 1995 年版。

[35] 齐海鹏等：《中国财政史》，东北财经大学出版社 2012 年版。

[36] 陶世璞："会计对象漫笔"，《会计研究》，1984 年第 4 期。

[37] 陈文汉：《现代企业管理学》，电子工业出版社 2014 年版。

[38] [美] 斯塔夫里阿诺斯著，吴象婴等译：《全球通史——从史前到 21 世纪（上）》，北京大学出版社 2006 年版。

[39] 李孝林等：《会计基本理论比较研究》，科学技术文献出版社 1997 年版。

[40] 中国财政史编写组：《中国财政史》，中国财政经济出版社 1987 年版。

[41] 宋小明："对会计监督职能的疑义"，《会计通讯》，1985 年第 9 期。

[42] 马克思：《资本论（第 2 卷）》，人民出版社 1975 年版。

[43] 李春泰：《文化方法论导论》，武汉出版社 1996 年版。

[44] [美] 布莱恩 · 阿瑟著，曹东溟等译：《技术的本质》，

浙江人民出版社 2014 年版。

[45] [日] 儿玉尚彦：《会计合理化彻底实践——你不得不知的 101 个会计成本准则》，台湾和昌出版社 2005 年版。

[46] 许崴：“关于管理会计产生与发展问题的探讨”，《岭南学刊》，2019 年第 6 期。

[47] 于玉林等：会计基础理论研究，经济科学出版社 2001 年版。

[48] 高德步、王珏：《世界经济史》，中国人民大学出版社 2016 年版。

[49] 孙茂竹等：《管理会计学》，中国人民大学出版社 2009 年版。

[50] [德] 克劳斯·施瓦布著，李菁译：《第四次工业革命——转型的力量》，中信出版集团股份有限公司 2016 年版。

[51] 许崴：“推进以管理会计体系建设为切入点的企业会计改革的思考”，《广东行政学院学报》，2019 年第 3 期。

[52] 王先民：《经济管理思想史简编》，黑龙江人民出版社 1986 年版。

[53] 张捷：《基础会计》，中国人民大学出版社 2009 年版。

[54] [日] 玉井正寿编，赵恩武等译：《价值分析》，机械工业出版社 1981 年版。

[55] 许崴：“关于现代企业会计特点与职能的探讨”，《黑龙江八一农垦大学学报》，2019 年第 3 期。

[56] 陈今池：《西方现代会计理论》，中国财政经济出版社 1989 年版。

[57] 杰里·J. 韦安特等著，陈宋生主译：《会计学原理》，人民出版社 2012 年版。